BRINCADEIRA DE GUERRA

Coordenação editorial: Cristiane Mateus
Editora assistente: Julia Garcia Bianchini
Capa e projeto gráfico: Janaina Beltrame, Leonardo Carvalho e Rosangela Cesar de Lima Braga
Revisão: Luicy Caetano e Maiza Prande Bernardello
Engenharia de produto: Solange Szabelski Druszcz

Dados Internacionais para Catalogação na Publicação (CIP)
(Angela Giordani / CRB 9-1262 / Curitiba, PR, Brasil)

T871 Truong, Marcelino.
Brincadeira de guerra : Saigon 1961-1963 / Marcelino Truong; tradução Alexandre Koji. - Curitiba : Cia. Bras. de Educação e Sistemas de Ensino, 2020.
272 p. : il.

Título original: Une si jolie petite guerre: Saigon 1961-1963
ISBN 978-65-5798-018-7

1. Literatura infantojuvenil. I. Koji, Alexandre. II. Título.

CDD 808.899282
028.5

Avenida Nossa Senhora Aparecida, 174
Seminário 80440-000 - Curitiba - PR

Impressão e acabamento:
EGB Editora Gráfica Bernardi ltda.
Rua Antonio Rodrigues Filho , 198
07170 - 325 - Guarulhos - SP
Tel.:(11) 2431 - 5577
E - mail:egb@egb.com.br
2022 OP.1260

1ª edição
7ª reimpressão

Impresso no Brasil
Maio de 2022

MARCELINO TRUONG

BRINCADEIRA DE GUERRA

SAIGON 1961-1963

TRADUÇÃO

ALEXANDRE KOJI

MARALTO

"Talvez os indivíduos sejam apenas as circunstâncias em que nascem."

Alexis Jenni, *L'Art français de la guerre*, 2011.

"Independência, sim, mas não qualquer independência.
É preciso, portanto, aprender a desconfiar das grandes causas.
Em geral, elas são como essas malas fraudulentas, com fundo falso."

Serge July, *Libération*, 30 de abril de 1985.

WASHINGTON, D.C.

Maio de 1961, Washington, D.C. A Casa Branca...
... o Memorial Lincoln...
O Cemitério Nacional de Arlington...

... e a nossa casa, no número 5004 da Westport Road, em Chevy Chase,
Vocês são chineses?!
A América pacata de Charlie Brown.

um tranquilo subúrbio de classe média, digno de um cartaz de Norman Rockwell.
Torta de cereja, lojinhas de conveniência e Coca-cola...

Vocês são japoneses?!
?
?
Não, nós somos VI-ET-NA-MI-TAS!!!
E você?
Eu sou irmão dele.
Ah, é? Você parece mexicano...
Mas a nossa mãe é francesa!
Francesa? Ah, La Fayette, uuulalá! Ha ha!

Ei, pessoal, que tal uma brincadeira de índio e caubói?
É, vocês podem ser os peles-vermelhas!
Por que nós somos sempre os índios?
...

Espera aí, eu tenho uma ideia melhor! Vamos brincar de Coreia*! Eles podem ser os comunas*!
Ei, nós não queremos ser os comunas! Não gostamos deles!
Tap
Tap
*Guerra da Coreia
*Comunistas
Ah, qual é? É só de brincadeira!
... Hummm, tá bom, então, tudo bem.
Vem, vem, Domi! Vamos buscar as nossas armas!

Queridos Papai e Mamãe,
Estamos profundamente preocupados. Depois de não sei quantos alarmes falsos, nosso retorno ao Vietnã está confirmado. O embaixador recebeu a carta do ministro...
Marco, pegue a minha Winch'*!
Tá bem! Cadê ela?
Rapazes, não façam bobagem, hein?!
Na minha cama, eu acho!

*Abreviação de *Winchester*, nome de uma famosa fábrica estadunidense de armas.

Que reviravolta isso vai ser! As crianças são tão felizes aqui, com muitos amigos da idade delas, e agora elas voam de uma casa a outra como um bando de passarinhos.
AIR MAIL
Eu fico muito preocupada ao saber dos problemas por que passa o Vietnã. Khanh parece não se alarmar nunca e insiste em dizer que não é nada...

De todo modo, não é uma perspectiva muito agradável passar um ano ou dois em Saigon, de onde não se pode ir além de um raio de 5 km. Logo eu, que sou tão medrosa!
Por que você está chorando, Mamãe?
Ah, não é nada. Estou escrevendo ao Vovô e à Vovó de Saint-Malo para dizer que devemos voltar ao Vietnã neste verão.
Ah...

E isso deixa você triste?
Bom, lá é tudo diferente... Estamos tão bem aqui...
Não se preocupe, Mamãe, nós vamos lhe proteger!!! Vamos matar todos os inimigos!
Morram, ianques!!!
Matem os chinas comunas!

Fazia três anos que vivíamos em Washington. Quando Papai, diplomata da embaixada da República do Vietnã, foi chamado de volta a Saigon, isso anunciou o fim do sonho americano de Mamãe.

Toma, Mireille, experimenta a massa do crepe!
Mmmmmmm!

Era o fim dos piqueniques à beira do Potomac e das cerejeiras em flor!

Summertiiiiiime... and the livin' is easy...
Ouça, Yvette, é Porgy and Bess*!
"Feesh are jumping and zee cotton eez high...!"

* *Porgy and Bess* é o título de uma ópera de George Gershwin, escrita em 1935.

Derrotando Richard Nixon nas eleições de novembro de 1960, o presidente John F. Kennedy entrou em cena em janeiro de 1961, inaugurando um reinado de mil dias. O jovem rei tomava as rédeas de uma nação que atingira o auge da pujança e da glória. JFK queria que aquele fosse o século da América.

JFK construía a sua imagem de guerreiro da Guerra Fria – desafiando Kruschev, o czar vermelho, Cuba e Berlim. Mas é para um país desconhecido (ou quase) dos americanos – o Vietnã – que voltaremos as nossas atenções: o Tio Sam contra o Tio Ho!

Nosso pai participava à sua maneira desse braço de ferro mundial. Adido cultural da Embaixada do Vietnã em Washington, ele se esforçava em divulgar a cultura vietnamita e auxiliava bolsistas do país que estudavam nos Estados Unidos.

Fomos colonizados pela França, mas nos emancipamos.
Compreendo.
Nós, americanos, tivemos que nos livrar dos ingleses, como você sabe!
Tivemos de nos impor, e foi aquela debandada entre os 'rosbifes'*!
Blá-blá-blá...

* Termo usado para designar pejorativamente os ingleses.

MORRA, CHINÊS nojento de nariz chato!
MORTE aos chineses!
RA TA TA TA
BANG
BANG BANG BANG!
RATATA
COMA POEIRA, SEU DIABO NARIGUDO!

Marco está se divertindo com a arma de brinquedo que ganhou do vizinho. O presente com que ele sonhava. Que mau gosto!
Eles são insuportáveis com essa guerra, Mamãe!
Ah, é que eles são meninos. Vá brincar com o seu bambolê*.

*O bambolê é uma invenção de 1958. Mais de cem milhões de exemplares foram vendidos em 1960.

ORRA, CHINÊS!
?!
PORCO AMERICANO!
RA TA TA

Eu me lembro do meu primeiro dia no jardim da infância. Mamãe no fim de um corredor, um túnel sombrio...

Buááááááá!
Está tudo bem, Marco!

Eu só esqueci a minha mágoa graças a uma mistura de pó e água, a massa de modelar Playdo.

Snif Snif
PLAYDO

Toda manhã, no coro da escola, entoávamos cantos patrióticos. Um deles se chamava "Saudando as cores"...

América, América...!
?!

Fizemos uma excursão ao campo de batalha de Gettysburg, a 145 km de Washington. Local de uma batalha sangrenta da Guerra de Secessão (1863).

Yankee Doodle foi pra vila montado no seu pônei...
Prendeu uma pluma no seu pé e chamou de Macaroni!
Mas que buuurro! É "Prendeu uma pluma no chapéu", Domi!!!

Washington, no Halloween: um grande acontecimento. Como é inverno, brincamos com o trenó na neve espessa...

Bom, Marco, agora é a minha vez, tá?

... e como em todos os Natais americanos, a voz de Sinatra sussurrando:

I'm dreamin' of a whiiiite Christmas

Lembranças do sol em Ocean City, uma estação balneária de Maryland.

Digam "xis", Yvette e Marco!

Ocean City, cidade onde se pesca muito. Eu me lembro de grandes marlins--azuis pendurados, sangrando...

Nossa, que horror!
Eca, que cheiro de peixe!
Você é louco de mostrar isso a ele, Khanh!
Mas...
Não, tudo bem! Vamos comer esses peixes com fritas!

Antes da partida para o Vietnã, Mamãe teve uma séria crise de angústia.

Mas o que vai acontecer, Khanh?! Se os comunistas tomarem o poder, eles vão massacrar todos os brancos, e os mestiços também não vão escapar!

Essas tempestades podiam durar horas... ou mesmo dias...

E pouco me importa o seu sagrado presidente Diem*! Que ele vá ao diabo!
Mas não, Yvette... você se preocupa por nada...

*Ngo Dinh Diem: presidente da República do Vietnã (1955-1963).

Mas você é louco! Completamente irresponsável!
!

?!
?!

"Tudo está muito bem, senhora marquesa", é o que você diz!
?!
Aquilo está uma balbúrdia! Você acha que eu não sei? E você pensou nos seus filhos?!
(Choro)... Quem dera eu tivesse quebrado uma perna no dia em que me casei com você!... (Choro)

NOVA YORK – SAINT-MALO – SAIGON

Partimos em junho de 1961. Como Mamãe tinha medo de avião, tomamos o navio Flandres, em Nova York.

TUUU TUUU
Como ainda tinha coisas a resolver, Papai se juntaria a nós algumas semanas depois.

Todas as manhãs, para ter um pouco de tempo livre, Mamãe nos deixava no berçário – o que não nos agradava muito. Curiosamente, não me lembro de quase nada daqueles momentos, a não ser do meu enjoo constante.

Que tédio!
Acho que vou vomitar!
Ah, não! Ele vomitou nos meus cubos!
BLERGH!

Ah, sim! Um dia nós vimos golfinhos!

Tomara que a gente veja baleias!
Domi, é gostoso comer golfinho com fritas?
Não se pendurem muito, crianças!
SPLAAASH!

Depois de seis dias de viagem, o Flandres chegou a Le Havre. Nosso avô materno nos esperava.

Ah, pessoal, a Vovó é que vai pularr de alegrrria!
Vovô!!!

Nossos avós de Saint-Malo eram tipicamente franceses e pareciam personagens de um filme de Jacques Tati*.

Esse regador não é muito pesado, Vovó?
Ah, você sabe, eu fui criada no campo, Mireille.
VRUUM VRUUM

* Ator e cineasta francês, célebre nos anos 1950.

Meu pai, Victor, era moleiro. Minha mãe se chamava Berthe, como a mulher de Carlos Magno, Berthe do pé grande*.
Berthe dos pés grandes?! Ha ha ha!!!

Vovô era normando e vibrrrava bastante o "r". Ele era bom em trrrabalhos manuais e – sempre com um cigarro na boca – fabrrricava brinquedos de madeira parra nós.

Marrrrco, você me passa o ralador de madeirra?

* Na verdade, Berthe tinha mesmo um pé deformado.

Denise, nossa avó, havia sido uma ótima professora. Ela sempre tentava nos instruir, fosse em casa, fosse na praia.

Eu sou o pirata SURCOUF, e os ingleses são uns ANIMAIS!
Uns aniMAIS!
Temos que fazer os muros do forte!
Rápido, vai, a maré tá subindo!
Ajude a gente, Marco!
TAP
TAP

É que, entre nós, falávamos principalmente em inglês.

Vocês são mesmo uns americaninhos!

WAOW
HERE COMES THE SEA!
HURRAY
YEAH

Vovô nos levava para passear pelas antigas muralhas da cidade velha, que estavam sendo reconstruídas.

Na libertação, 80% da cidade foi destrrruída!
!
Eu também!
Vovô, eu quero fazer cocô!

Saint-Malo ainda era um porto ativo e a rue de la Soif, um lugar bem suspeito.

Senhora, as crianças podem usar o banheiro?
Claro que sim! E o que mais o senhor deseja?
Você conhece essa senhora, Vovô?

Recebemos a visita de tia Annie – a irmã de Mamãe – e do marido dela, Guy, meu padrinho.

Mais um pouquinho de Porrrto?
Devagar, Henri!

Oficial da marinha mercante, ele tinha passado dois anos na Argélia como tenente dos Fuzileiros Navais. O seu rosto traía um certo amargor. O rádio falava de Kennedy em Berlim e, principalmente, do golpe de Estado da Argélia e da OAS*.

"Quinze anos para os generais Challe e Zeller. Dez anos de reclusão para o chefe de batalhão Hélie de Saint Marc, comandante do Primeiro Regimento..."
Ah, esses sacanas! Eles se deram muito mal!

* OAS: Organização Armada Secreta, grupo paramilitar francês contrário à independência da Argélia.

Papai enfim se juntou a nós na França e, em julho de 1961, pegamos um voo da Air France Paris-Saigon.

Uaaaaaau! Essa é uma Caramelle?
Ah, não! É um Caravelle*! Ha ha!

Um voo de 16 horas, com escalas em Atenas, Teerã...

Ha Ha!
Mireille, o Domi disse que o rei do Irã é um chá*. É verdade?
Ah, sim, é verdade! Ha ha!

... Karachi e Bangcoc.

Zzzz
Você viu o chapéu dele?
Vi, ele é paquista-nês.

* *Caravelle* era o nome de um modelo de avião da companhia Air France.

* *Chá*: trocadilho com a palavra homônima "xá", título de nobreza no Irã.

O voo entre Bangcoc e Saigon foi muito penoso. Uma violenta tempestade de monção castigava o sudeste da Ásia.

Blaaaaaargh!
Eca, o Marco vomitou, que fedor!

O céu escuro parecia furioso. Mamãe estava pálida.

Meu Deus, como está balançando!
Não se preocupe, vamos aterrissar logo.
Será que vão esvaziar o tanque em caso de pouso forçado?
Blaaaaargh!

Mas que tempestade foi essa?!

Em 1954, depois de cem anos de dominação colonial e sete anos de guerra contra a França, o Vietnã havia conquistado a sua independência.

Thắng Lợi! Thắng Lợi! *

Os comunistas tinham vencido a batalha de Dien Bien Phu. Mas nem todos os vietnamitas estiveram ao lado deles. Alguns haviam lutado ao lado dos franceses, por um Vietnã não comunista. Muitos ficaram indecisos. Os Acordos de Genebra de 1954, que puseram fim à guerra da Indochina, procuraram levar em consideração essas divisões.

* Vitória! Vitória!

Para apartar os participantes do conflito, o Vietnã foi então dividido provisoriamente em dois. Ao norte, um estado comunista, tendo Hanói como capital. Ao sul, um estado nacionalista, cuja capital era Saigon. Pelos acordos de paz, deveria haver eleições gerais em 1956 para decidir a natureza do sistema político que regeria o país reunificado: comunista ou nacionalista.

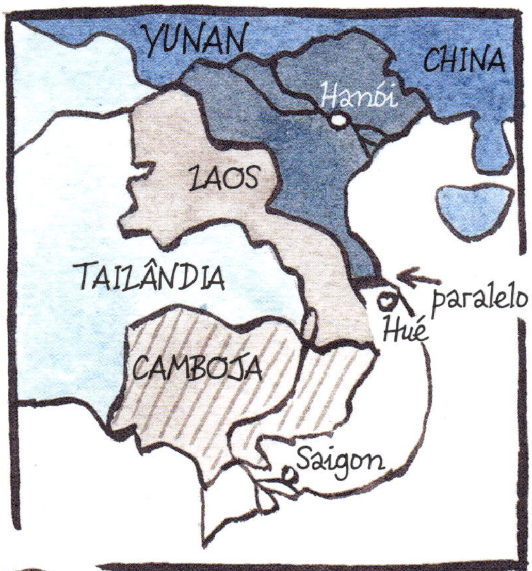

O Vietnã do Norte tornou-se uma república popular segundo o modelo chinês. O antigo militante da Internacional, Ho Chi Minh – o Tio Ho – assumiu o comando de um regime de ferro, forjado pela guerra.

O homem forte do Sul era Ngo Dinh Diem, católico e nacionalista fervoroso. Protegido pelos americanos, ele havia sido nomeado primeiro-ministro durante a conferência de Genebra.

A partir de 1954, um milhão de habitantes do Vietnã do Norte, na maioria católicos, migraram para o Sul fugindo do regime comunista. Sabe-se hoje que, para encorajar esse êxodo, agentes da CIA espalhavam o medo dos 'vermelhos'.

SEU CAMINHO PARA A LIBERDADE
TỰ DO
Os comunistas fuzilaram padres em Phat-Diem!

Enquanto isso, 90 mil soldados que haviam combatido os franceses no Vietnã do Sul, nas fileiras do exército comunista – o Vietminh –, juntaram-se ao Norte, abandonando suas famílias. Estavam convencidos de que voltariam dois anos depois, assim que ocorressem as eleições gerais. De fato, o líder comunista Ho Chi Minh, coroado com o prestígio da vitória, era considerado favorito pela maioria dos observadores.

Sejam fortes! Vamos nos reencontrar daqui a dois anos, numa pátria reunificada!

Em 1955, o Norte prosseguiu com a sua reforma agrária, imitando os modelos chinês e russo. Depois de processos farsescos, 15 mil proprietários de terras foram executados. Revoltas camponesas explodiram e 50 mil camponeses foram condenados à morte. No final de 1956, Ho Chi Minh se desculpou polidamente pelos excessos da reforma agrária.

Abaixo a classe dos proprietários de terras!
Morra!
MORRA!

No Sul, em dois anos, Ngo Dinh Diem depôs o imperador Bao Dai, proclamou a República, combateu todos os seus opositores e restabeleceu uma aparência de ordem, mas se recusou a promover as eleições gerais de 1956.

Senhor Presidente, a imprensa internacional se pergunta por que o senhor não organizou as eleições previstas pelos acordos de paz?
Admita, as eleições no Norte – um país inteiramente comunista – são uma farsa! E, no Sul, os comunistas teriam criado um clima de insegurança pouco propício a eleições livres!

Dennis Warner, repórter australiano — Intérprete — Presidente Diem

Solteiro convicto, Diem se apoiava em seu clã. Cinco irmãos: o mais velho fora assassinado pelo Vietminh. O segundo, Thuc, era bispo. E os mais novos, Can e Luyen, eram respectivamente chefe de província e embaixador. O mais influente Ngo Dinh Nhu – era seu conselheiro pessoal e, dizem, seu mentor intelectual.

Nhu
Thục
Diem

Para lutar contra a subversão comunista, Nhu pregava o uso dos mesmos métodos que Hanói: polícia secreta e mão de ferro. Eminência parda do regime, ele contribuiu para o seu endurecimento.

Para os comunistas, o fim justifica os meios!

É preciso fechar as boates e danceterias!

A esposa dele, madame Nhu, representava na realidade o papel de primeira-dama do regime. A ostentação e as declarações polêmicas faziam dela a sensação da imprensa estrangeira. As revistas *Life* e *Paris Match*, principalmente, esbaldavam-se com o seu personagem.

A partir de 1959, a insurreição* comunista recomeçou no Sul. Os grupos de resistência desenterraram as armas escondidas em 1954 e assassinaram pequenos funcionários do governo, para desestabilizar o regime de Saigon. Também atacaram postos militares para roubar as armas.

Mire bem, cada cartucho é valioso!
RATATA

A repressão foi impiedosa. Os comunistas do Sul eram caçados. Uma guilhotina circulava pelas províncias.

Onde você escondeu as armas?!

No fim de 1959, Hanói decidiu retomar a luta armada, infiltrando no Sul antigos membros do Vietminh incorporados ao Norte entre 1954 e 1956. Homens e armas foram encaminhados ao Sul pelo mar e pela estrada Ho Chi Minh – uma rede de caminhos que atravessava as regiões selvagens de Laos e do Camboja.

* Os comunistas preferiam falar em "resistência".

Em 1960, a Frente Nacional de Libertação (FNL) foi criada no Sul. Esse movimento clandestino se dizia independente do Partido de Hanói. Mas essa fachada não enganava o regime de Saigon, que apelidou o FNL com o nome pejorativo de vietcongue, ou comunista vietnamita.

Vamos acabar com o complô americano-diemista!
Esses serviçais do imperialismo ianque!
CLAP
CLAP
CLAP CLAP
CLAP
CLAP

Mas nem todos os revoltosos da FNL eram comunistas. Muitos eram simplesmente patriotas convictos, que combateram e morreram aos milhares. Havia também tantas mulheres combatendo nas primeiras fileiras que se dizia que elas formavam "o exército dos cabelos longos".

Em 1961, somente 40% do território sul-vietnamita estava sob controle governamental. Certas áreas, chamadas pelos comunistas de "libertadas", eram consideradas santuários impenetráveis pelas tropas de Saigon.

Os Estados Unidos sempre apoiaram o lado anticomunista, mas, quando se tornou presidente, John Kennedy incrementou consideravelmente essa ajuda.

Ele enviou armas...

... e conselheiros — para que não fosse preciso ler o manual de instruções

... e, como sempre, a população ficou entre a cruz e a espada.

Essa guerra civil (noção contestada pelos comunistas, que consideravam qualquer opositor um fantoche a serviço dos estrangeiros) provocava cerca de mil mortes violentas por mês.

Foi nesse contexto preocupante que chegamos a Saigon, em julho de 1961

Napalm
Olha, Marco! Tem bombas penduradas na asa do avião!
Ah, é mesmo!!!

SAIGON, JULHO DE 1961.

Apesar da chuva, um calor úmido colava na pele.

Papai, que avião é aquele?
Não sei. Não me interesso por aviões de guerra, você sabe!
UAU!
Ei, garoto! É um Skyraider!

Nosso tio Lam, professor de história e pesquisador, pegou emprestada a perua do Museu de História.

Então, como vai, Yvette? Muito cansada?
Puxa, eu achei que não sairíamos mais daquela lata velha! Que sufoco nós passamos!

Antes de encontrar uma casa nova, iríamos morar com os pais de Papai, em Gia-Dinh, um subúrbio de Saigon.

Dạo này thế nào?*
Dạo này yên tĩnh, nhưng có thể thay đổi.*
Khánh
Lâm
A cidade está bem animada, hein, Yvette?!
Sim, mas acho que tem muitos militares!

* Como estão as coisas, agora? * Tudo calmo, mas isso pode mudar...

LÊ NGỌC
HƯƠNG GIANG
VRUM
VRUM
HONK
HONK
Ah, isso é apenas para proteger a população. Não se preocupe, Yvette, a situação está calma em Saigon!
BILI BILI
Ei, Domi, um jipe!
Uaau, é verdade!

O exército se manteve fiel desde o último golpe de Estado?
Aparentemente sim, não houve problemas até agora.
DRIM
DRIM
GIA-DINH - SAIGON
BIII BIII
VRUM VRUM
O que é um golpe de Estado, Papai?
Bom, é quando um grupo de conspiradores tenta tomar o poder à força.
Ah?!
Sente-se, Marco!
Fique quieto, Khanh, você nos enche de medo com as suas histórias!

Em novembro de 1960, uma conspiração promovida por oficiais militares havia ameaçado o regime de Saigon. O conflito provocou 400 mortes e abalou a confiança do presidente em suas unidades de elite.

Papai, Ong Noi e Ba Noi* falam francês?
Ong Noi se vira bem em francês, mas sua avó só fala vietnamita.
BIII
BIII
VRRRRRR

* Ong Noi: avô paterno; Ba Noi: avó paterna

E o que Ong Noi e Ba Noi fazem da vida?
Ong Noi é professor e Ba Noi, dona de casa.
Hanh Phúc

Ah, aqui estão os nossos globetrotters! Yvette! Crianças! Venham beber alguma coisa!
Ông Nội
Bà Nội
Embora modesta, a casa de nossos avós era a única de alvenaria naquele bairro popular repleto de cabanas. Eles moravam com a sua quarta filha, a nossa jovem tia Dieu-Lan, estudante de filosofia.

Com seu temperamento jovial, o Vovô de Saigon logo nos conquistou.

O Ong Noi tem uma barriga redonda! Ha ha!
Redonda que nem um brioche! Ha ha!
Ha ha! Eu vou regar as suas flores, Vovô!
É muita gentileza sua, Mireille!

Ba Noi se comunicava conosco pelo sentimento e pela comida. A cada dia, novos pratos nos esperavam.

Que gostoso! O que é isso, Domi?
Nhamnham... Peito de porco aos cinco perfumes!
Como você é booobo, Marco!
Peito de porco!!! São tetas?! Ha ha!!!

Com eles, nós descobrimos alguns dos prazeres de Saigon: os doces em Givral, os livros na livraria Portal.

NG VẢI VIỆT-NAM
Eu preciso ler para vocês passagens de *Pequena Coisa*, de Alphonse Daudet. É o meu livro de cabeceira!
Eu adoro a *Condessa de Ségur* e o *Clube dos Cinco*!

O novo cargo de Papai ainda não estava bem definido, mas o presidente Diem o convocava ao Palácio da Independência sempre que precisava de um intérprete. Em geral, o presidente telefonava pessoalmente. .

DRIM
DRIM
Papai, o telefone!
Alô?
À, Anh Khánh hỉ? Anh có thể đến dinh Độc Lập 6 giờ ngày mai không?*

*Ah, Khanh. Você poderia vir ao palácio amanhã de manhã, às 6 horas?

Vâng, Thưa Ông Tổng Thống, được!*
Ong Tong Thong?
« Ong Tong Thong! Ong Tong Thong!! »
Ong Nội
Bà Nội

*Sim, senhor presidente, entendido.

Papai procurava uma residência para nós no centro da cidade, pois nossos avós diziam que o bairro deles não era seguro à noite. O outro irmão de Papai – o tio Dien – disse-lhe que havia um apartamento vago no prédio dele.

Estava com um casal de americanos que acabou de ir embora.
E o lugar é seguro?
Sim! O prédio é vigiado dia e noite. Nosso irmão Lam mora lá também!
Dien

Mamãe – como ela mesma dizia – ficava com um pé atrás.

Então, a gente vai se mudar para um prédio onde mora todo o seu clã?
Mas eles são muito prestativos e vão nos ajudar na mudança!

O pé atrás às vezes a deixava de mau humor.

Nós conseguíamos escutar as discussões dos nossos pais.

O quê, você acha que corremos o risco de ser massacrados?
Não! Você está exagerando! Estaremos mais seguros no centro, só isso.
Mas é de um país que você está falando!
Shhh!

À noite, grilos e sapos ofereciam a trilha sonora de nossos sonhos e de nossos pesadelos.

CROA CROA
CRRRR
CRiii CRiii
CRRRR CRRRR
CRiii
CROA CROA
CRRRR
Esta é a casa do professor La Brioche?
Sim, ele hospeda uma francesa e três mestiços! Vamos acabar com eles!

BULEVAR NGUYEN HUÉ, 42

Em agosto, nós nos mudamos para o sexto andar de um prédio novo, no número 42 do Bulevar Nguyen Hué, bem no centro da cidade.

Nosso apartamento.

Detalhe que nos surpreendeu, depois de vivermos nos Estados Unidos: nada de vidros nas aberturas da sala, neste país onde faz calor o tempo todo. Grandes cortinas e persianas nos abrigavam do sol e da chuva.

Olha, dá pra ver o Hotel de Ville!
Ah, mas são atrevidos esses americanos!

Eles levaram o ar-condicionado com eles!
Eca, tem uma teia de aranha!
FORA, AMERICANOS! Ha! ha!
Meu Deus, quanta poeira!

Só o quarto de nossos pais tinha ar-condicionado.

Que calor! Não consigo dormir!
Nem eu!
Mais um mosquito por aqui!
BZzzz BZzzz

No nosso quarto, o ventilador girava como uma colher dentro de uma panela sobre o fogo.

Para ajudar Mamãe, uma moça de 17 anos – Chi Hai – foi contratada. Mamãe se esforçava em iniciar a "criada" (como se dizia na época) nos costumes francese

Trong Boeuf bourguignon không dùng nước mắm. *
?!
Ai, meu Deus, se pelo menos ela falasse francês!

* Não se põe *nuoc-mam* (caldo de peixe) no *boeuf bourguignon*.

Nós íamos à escola de manhã. No recreio, não entendíamos nada porque a maioria das crianças só falava vietnamita. Em casa, falávamos francês.
Em có muốn chơi với mình không? Em tên gì? *
?!

* Você quer brincar comigo? Qual é o seu nome?

Todas as tardes, depois da sesta, Mamãe nos dava aulas. Como boa filha de professora, ela se preocupava em manter o nosso nível de aprendizagem.

Segure melhor a caneta-tinteiro! Sua letra está horrível!*
Mamãe, é que em Washington a gente escrevia com Bic!
E o Domi prefere desenhar!

* Isso foi bem antes de Françoise Dolto (psicanalista e pediatra francesa, 1939-1988)!

Numa carta de agosto de 1961 aos nossos avós franceses, Mamãe incluiu um desenho de Domi (8 anos). É esse:

ARE YOU CACAHUETE ?

Um míssil, uma máquina ameaçadora voando, os carros e a cidade misturados... A pedido de Domi, Mamãe escreveu no desenho, de cabeça para baixo: *Are you cacahuète?* Cacahuète (amendoim), em inglês, é *peanuts*, e um dos significados de *nuts* é louco. Será que o Domi pressentiu o risco da loucura pairando sobre Saigon e sobre a nossa família?

Cerca de 4h da tarde, muitas vezes Mamãe nos levava para passear na pracinha em frente à Assembleia Nacional, antigo Teatro Lírico na época dos franceses. Mireille tinha aprendido na escola Lamartine a fábula "O lobo e o cordeiro".

"Como eu poderia? Ainda mamo nas tetas de minha mãe!"
Marco! Não seja grosseiro!
Ainda mamo! Glup glup!
Ha ha ha!

Não passávamos despercebidos, com nossa mãe loira...

CONTINENTAL
Bà Đầm! *
Aaaai, que medo! Sem dedos, sem nariz!
!?
Meu Deus, uma leprosa! Vamos voltar rápido!

* Senhora!

Procurando em vão um lugar mais fresco, muitas vezes íamos passear no cais Bach Dang, a poucos metros de onde morávamos.

Olha, isso parece bom!
Uau! Um destróier!
Vou morrer asfixiada nesta cidade! Ah, como a gente estava bem em Saint-Malo!

Por favor, Mamãe, a gente pode jogar minigolfe?
Não, vamos voltar. Estou muito cansada...

Papai ia todos os dias ao Palácio da Independência, pois o presidente Diem precisava ser auxiliado por um intérprete nos encontros com interlocutores de língua inglesa. Essa mulher é a fotógrafa Dickey Chapelle, que foi morta em 1965, durante uma operação militar*.

Papai finalmente foi nomeado diretor da Agência Vietnam-Presse. A nomeação dele foi anunciada no jornal.

Ah, olha como o nosso papai é lindo!

Num dia de outubro, recebemos uma notícia surpreendente.

Vocês vão ganhar um irmãozinho ou uma irmãzinha!
Em janeiro, a família vai aumentar!
?!

* Dickey Chapelle foi a primeira mulher correspondente de guerra a morrer no Vietnã, durante a operação Furão Negro.

PROJETO BEEF-UP

Mamãe escrevia regularmente aos seus pais, na França, que guardaram todas as suas cartas. Foi graças a elas que, cinquenta anos depois, eu pude reconstituir o nosso cotidiano. Em outubro de 1961, as coisas iam mal...

"Estejam seguros de que a minha gravidez vai bem. Mas as coisas boas param por aí, pois foi decretado o estado de urgência, com o seu corolário – a mobilização geral. Fiquei com o coração na mão porque Khanh podia ser convocado, mas, considerado indispensável em seu posto, ele mesmo não se preocupou. Temos medo de atentados, e as ruas estão cheias de soldados..."

Khanh, você acha que haverá guerra? Você acha que os vietnamitas do Norte vão invadir o Sul?
Ah, não, Yvette! Nós tomamos essas medidas para difundir o medo entre os comunistas...

No fim de outubro, para desafogar Mamãe (exausta por causa da gravidez), um segundo "criado" foi recrutado.

'Bongdi', 'senora' Khanh!
Ah, Chu Ba*?
62

Chu Ba nos foi apresentado pela tia Elvira, que morava no 9º andar.

Yvette, vou lhe empurrar o Chu Ba. Não o suporto mais!

* Chu Ba: Tio Terceiro. Pronuncia-se *Tiú Bá*.

Elvira era uma letã de charme eslavo. Nosso tio Lam a conhecera quando foi estudante na Bélgica.
Espero que ele seja trabalhador! Os homens daqui são muito indolentes!

Chu Ba foi encarregado principalmente de dirigir a nossa perua pelas ruas abarrotadas de Saigon.
O Chu Ba dirige bem pra caramba!
Éééé!
Mireille, Domi! Đây là trường Lamartine!*

* Esta é a escola Lamartine!

Eu adorava acompanhar Mamãe quando ela visitava Elvira, encantado com o charme e a beleza dessas duas mulheres.

Como vai, Elvira?
Tudo bem, Yvette! Mais um dia de calor! Você veio com o seu homenzinho?

Nosso tio Lam dirigia o Instituto de Pesquisas Históricas. Ele e Elvira tinham muito bom gosto e o apartamento deles era um verdadeiro museu...

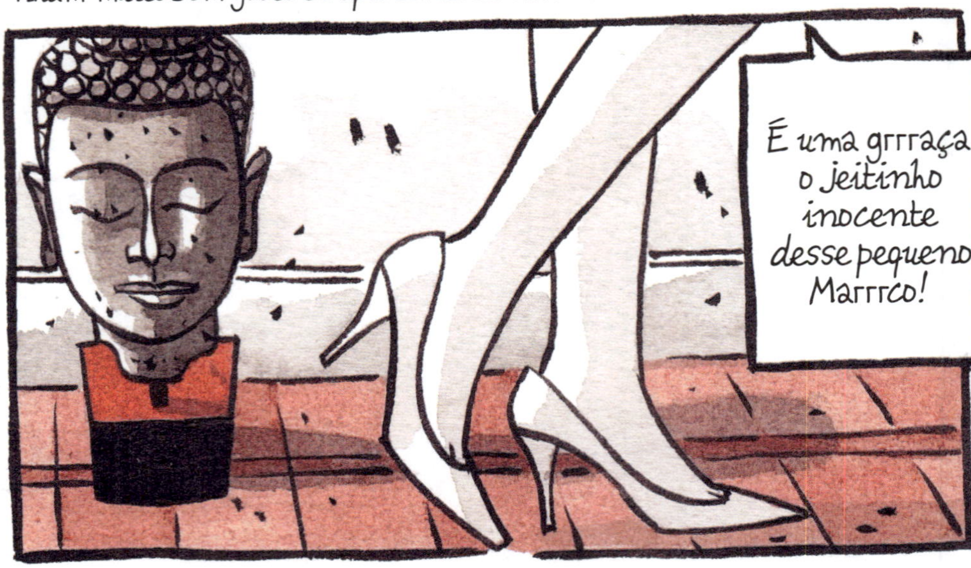
É uma grrraça o jeitinho inocente desse pequeno Marrrco!

Os sapatos cavados delas despertavam em mim umas emoções secretas.

Yvette, querrrida, nossa sogrrra me emprrrestou o crrriado dela, aquele que você apelidou de Lam Viec*!
Ah, sim! Viec, aquele espírito simples!
Pois é, acho que ele não trrrabalha muito bem. Ele é malandrro! Veja, ele não limpa os cantos da sala!
TLIIM

* trabalhar, trabalho.

Como Mamãe precisava repousar, era com Chu Ba que íamos mergulhar no grande banho a vapor da cidade.

Chérrrie je t'aime, chérrrie je t'adorrre!!
Como la salsa di pomodorrro!*

* "Mustapha", sucesso do libanês Bob Azam, estava na boca de todos. Os vietnamitas ainda cantam espontaneamente essa canção.

Các con thích đi ăn phở không?*
Isso cheira bem!
Sim!

* Vocês querem tomar uma sopa, crianças?

Para fugir do calor, os privilegiados tinham a piscina do Círculo Esportivo de Saigon, um conjunto bem no estilo 1930, situado num parque junto ao Palácio da Independência.

Chú Ba, cháu có bài học với ông Vatin vào 5 giờ.*
CRIII CRIII CRIII
Uau, a água parece ótima!

* Tenho aula de natação com o senhor Vatin às 5 horas!

Chu Ba não entrava nunca na água, contentando-se em nos observar da beira da piscina, bebendo seu refresco de limão, a bebida célebre do Círculo.
Você viu? O Chu Ba aproveita para espiar as moças de biquíni!
Ele quer ver os peitinhos delas!
Você me fez rir, e eu bebi um monte de água!

Fazia calor e, nas árvores do parque, centenas de cigarras murmuravam, invisíveis...

Tia Elvira estava sempre lá, bronzeando--se ao sol. Eu admirava seu sorriso, seus cabelos loiros e seus olhos cinzentos.

CRIII
CRIII
CRIII
CRIII
Dizem que o Vietcongue tem bases subterrâneas a menos de 50 km de Saigon.
Não há com que se preocupar, senhora! Os amarelos não sabem atirar direito.

Aqui no Círculo, onde se via a guerra? Às vezes ela passava pelo céu...

VRRRRRR
CRIII
CRIII
CRIII
Olha, Domi, aviões de guerra!
Uau! São Skyraiders*!

* Douglas Skyraider: caça--bombardeiro americano a hélice. Aparelho mítico da guerra do Vietnã.

Fotos de atentados atribuídos aos vietcongues se multiplicavam nas primeiras páginas dos jornais, fascinando-me.

Hai con ơi! Ta đi đi! *
Nossa! Os vietcongues explodiram uma bomba e muitas pessoas morreram!
Olha, Domi, aquele ali perdeu as pernas!

* Hei, crianças, vamos!

BATA
Parece que muitas dessas bombas são lançadas por meninos engraxates...
É mesmo! Você tem quase a idade deles, Domi!

Num dia de dezembro de 1961, eu estava passeando com Chu Ba quando vimos surgir um enorme porta-aviões americano. O núcleo U.S.C.V.* nos trazia em domicílio o presente de Natal de Kennedy: material...

* *United States Carrier Vessel* (Navio Transportador dos Estados Unidos)

... sofisticado para dar mais musculatura ao nosso exército. Um plano de auxílio chamado "Projeto BEEF-UP"*. Os helicópteros "bananas" – revestidos de uma capa protetora – tinham a aparência de estranhas crisálidas.

O helicóptero era considerado a solução na luta contra a guerrilha. Nossos conselheiros americanos haviam feito estágios na Argélia com os paraquedistas franceses, que o empregaram com sucesso contra a FLN.
?!
Parecem casulos!

* Literalmente, quer dizer 'criar músculo'.

Mamãe comentou o acontecimento numa carta a seus pais, datada de 9/11/1961: Um porta-aviões chegou a Saigon. Em plena cidade, há deslocamentos de forças americanas (40 helicópteros). A multidão parece estar muito orgulhosa. Alguns soldados americanos também. Do lado vietnamita, caminhões de soldados se exibem nas ruas. A mesma alegria de viver de sempre. E quanta animação!

Chú Ba! Coi kìa. Chiếc xe tăng!*

O núcleo U.S.C.V. começou os exercícios militares, trazendo-nos todo o mostruário de suas máquinas ultraletais: helicópteros, blindados, aviões... Esse é um desenho que eu fiz, datado de abril de 1962.

MARINHA
Marco 5 anos
O porta-aviões

* Olha, Chu Ba, um tanque!

NATAL DE 1961 & TET* 1962

* Tet é o primeiro dia do calendário lunar vietnamita e dá início a festividades que ocorrem de 20 de janeiro a 19 de fevereiro (conf. *Dictionnaire Larrousse*).

Com a chegada do Natal, as lojas se encheram de brinquedos baratos, vindos de Hong Kong. O bulevar Nguyen Hué, circundado por quiosques de floristas, estava inundado de flores e até de pinheiros – de verdade ou artificiais.

Marco, vamos ver os brinquedos, tudo bem?
Vamos, eu vi um tanque a pilha!

O calor não parava de aumentar e Mamãe, no seu sétimo mês de gravidez, ia ficando mais tensa.

ACE.
Eu me pergunto se a Mamãe ainda vai explodir como a Chi Hai*, o Chu Ba ou o Papai!
Pfff! Ela não é legal quando fica nervosa!

* Nossa jovem cozinheira.

Atordoada pela angústia, Mamãe escreveu aos seus pais e lhes confidenciou o medo "de dar à luz num hospital espantoso como aquele de *E o vento levou*"! É preciso dizer que, na mesma época, a esposa de Chu Ba acabara de pôr no mundo um quinto filho...

Scarlett O'Hara
Oh, Meu Deus, sra. Truong!
Um último esforço, sra. Truong!
Isso, a senhora está indo muito bem!
Aaaah! Água! Água!

Eis o que Mamãe escreveu:

A esposa de Chu Ba deu à luz na maternidade pública. O filho (o seu quinto) teve que ser puxado pelo pé. Três médicos cuidaram dela, não sei se bem ou mal. Na segunda noite, ela precisou voltar depois de uma transfusão de sangue, pois o hospital público não tinha mais lugar para ela. Seu marido, Chu Ba, teve que pagar doando dois litros de seu sangue (o que me parece absurdo).

Janeiro de 1961. Um calor devastador. À noite, até o lençol parecia queimar...

VRRRRR
Estou morrendo de calor. Vou me deitar numa toalha molhada!

Antes de apagar a luz, fazíamos uma caça aos mosquitos.

ZZZZZZZ
CLAP.
Peguei um!
Ah, eu também!
Pode ter certeza de que aquele é vietcongue!
ZZZZZ

Eu adorava os barulhos de Saigon. Buzinas, roncos de motocicletas, pregões de vendedores ambulantes...

Ai ăn khô mực không? Ai ăn khô mực không?!*

* Quem quer lula grelhada?

Como as crianças vietnamitas, nós criávamos grilos tirados da terra nos dutos de ar do prédio, onde eles conviviam com enormes baratas.

Ha ha ha!
Olha, Mireille! Uma barata!
Que horror! Socorro!

Cada um tinha o seu campeão confinado numa caixa de fósforos.

Vamos fazer eles brigarem!
Ééé!!! Ha ha!, como em Ben-Hur!

Alguns grilos eram naturalmente lutadores. Outros eram cantores que não fariam mal a um fio de cabelo na arena. Uns pacifistas...

Saltimbancos e gladiadores portavam a mesma armadura negra.
A sua cabeça de inseto furadora de terra luzia, lisa e redonda como uma luva de boxe.

No fim de janeiro de 1962, nossa irmã Anh-Noëlle (Reflexo de Natal) veio ao mundo no hospital Grall, um estabelecimento francês.

A irmãzinha de vocês é adorável!
E a Mamãe está bem.
Teremos que ser cuidadosos quando Mamãe voltar. Ela vai estar exausta!

A chegada de Anh-Noëlle mudou as coisas na família...

Não serei mais o caçulinha.

Ela é muito bonitinha, Mamãe!
É, uma gracinha!

Todas as manhãs de segunda-feira, um hino dedicado ao presidente Ngo Dinh Diem ressoava nos alto-falantes de Saigon.

Nosso prédio
♫ Ngô Tổng Thống, Ngô Tổng Thống muôn năm! ♫*
SAIGON
* Dez mil anos ao presidente Ngo!

O regime de Saigon tentava com isso igualar o culto à personalidade praticado a todo vapor no Norte.

♫ Chủ Tịch Hồ Chí Minh muôn năm!* ♫

* Dez mil anos ao presidente Ho Chi Minh!

Numa segunda-feira, enquanto soava o hino ao presidente Diem...

♫ Ngô Tổng Thống Ngô Tổng Thống muôn năm!
Meu Deus!
Aba Aba!
A Anna* chorou de novo esta noite!
Ah, sim, é que ela é pequenininha.
* Anna é Anh-Noëlle
Eles nos enlouquecem com esse Tong Thong!
Danh bạ điện thoại Sài Gòn
Aba Aba!
Lista telefônica
Pro diabo, o Tong Thong!
Aba Aba!
!
!

!!
Aba!
Ufa! A lista não pegou na cabeça de ninguém!
Uaau!
Não se pendurem, crianças!
Aba Aba!
Você está chorando, Mamãe?
Ah, eu só estou cansada, você sabe!
Baba!
Nós vamos procurar a lista, Mireille?
Espera, a Mamãe não está bem.

Algumas semanas depois do parto, feliz por recuperar a boa forma, Mamãe se sentia melhor e voltava a acompanhar Papai nas recepções.

Não façam bagunça, hein?!
Anna!
Dadá!
Não se preocupe, Mamãe!
Besa
may
Besa
may
moo

A vida mundana continuava, portanto. Enquanto isso, as notícias da guerra eram ruins. O Vietcongue preparava ataques cada vez mais audaciosos.

O ponto fraco do posto é este canto!

Fuzil USM1 Garand

Diante dos ataques vietcongues, alguns oficiais do exército de Saigon se contentavam em enviar aviões ou em fornecer armas, preocupados antes de tudo em limitar as perdas.

Precisamos de apoio aéreo. REPITO! PRECISAMOS DE APOIO AÉREO!!!
RA TA TA
RA TA TA TA

Infelizmente, esses ataques faziam vítimas inocentes, angariando à FNL recrutas decididos a se vingar.

Trời đất ơi! Trời ơi! *

* Pelos céus!

Oficialmente, os conselheiros americanos não participavam dos combates. Mas, no campo de batalha, era diferente. Os garotos de Kennedy metiam as mãos na lama e ardiam por tomar a frente das coisas.

Toma isso, cara amarela!
RA TA TA TA TA

Te peguei, china!
CHOF CHOF CHOF
RA TA TA TA
CHOF CHOF CHOF
RA TA TA
Peguei!
Arrrgh!
CHAP CHAP
Ok, chega de tiro ao alvo!
Preciso de uma cerveja e de um banho!
Hora de se divertir, que "ninguém é de ferro"!
Ok, Jack, vamos pra casa agora!

A guerra cruel acontecia nas zonas rurais. Na cidade, a vida mundana nunca entrava em recesso.

Vamos dançar, Khanh?
Você sabe que eu não sei dançar, Yvette!
Aãã... senhor Khanh?
♪ Dancing in the dark, 'til the tune ends... ♪
Ah, não, mais um tipinho chato!
Sim?
Neil Sheehan, da agência UPI. Amanhã, vou ao delta para marchar com os seus paraquedistas.
Ah... Não nos julgue precipitadamente. Nossa causa é justa, mas não desempenhamos o papel de heróis neste conflito.
A senhorra querr dançar, senhorra Khanh?
É um prazer, senhor Embaixador!

Para os repórteres da época, aquela ainda era só uma simpática brincadeira de guerra, com a medida necessária de adrenalina. Para vê-la, bastava se apresentar ao amanhecer no aeroporto de Saigon.

TCHOF
TCHOF
TCHOF
Eu sou o correspondente da agência UPI!
Capitão Khoi. Então, quer fazer um pouco de turismo?
Qual é a sua missão de hoje?
TCHOF
TCHOF
TCHOF
Ah, a de sempre: caçar vietcongues no delta. O senhor estará de volta a Saigon na hora dos aperitivos!

O prefeito e o professor de um vilarejo próximo de Tra Vinh foram assassinados. Suspeita-se que o vilarejo seja favorável ao Vietcongue.
TCHOF
TCHOF
TCHOF
TCHOF

Vamos encurralar o vilarejo suspeito com a ajuda de uma unidade terrestre local.

TCHOF TCHOF TCHOF

Visando ao efeito surpresa, os paraquedistas se estabeleceram no vilarejo suspeito de ser uma base vietcongue. O objetivo: conseguir informações e desmantelar a rede inimiga.

TCHOF
TCHOF
TCHOF
Vasculhem bem as árvores!

Mas os VC nunca baixavam a guarda. Muitas vezes, eles eram alertados antes, e a caça era pouco produtiva.

É um VC?
Um suspeito, parece. Vamos perguntar isso a ele.

...91, 92, 93, 94, 95!
GLUP
GLUP
AAAAAAAAAAH!!
Fale, droga!!!
Você vai falar, eu garanto!
GLUP GLUP

São poucos os que resistem à tortura. Se a informação obtida for verificável, nós os poupamos.
Eu não gosto desses métodos. Sou um soldado, prefiro o combate. Mas eles o evitam.
E o que é feito dos prisioneiros? Oh, meu Deus!
COF
COF
Onde estão as armas?! Fale!
Alguns se juntam a nós. Entre os meus homens, há antigos vietcongues.
E os outros?!!
Os outros? É bem frequente eles levarem uma cacetada ao tentar fugir. Assim, é um VC a menos. O senhor vai contar isso na sua agência de intelectuais de esquerda?
Trời ơi! Thằng này chết rồi! *

* Saco, esse imbecil morreu!

O senhor viu? É feia essa luta contrarrevolucionária, hein?! Bom, dentro de duas horas o senhor vai estar debaixo do chuveiro... Depois vai fumar o seu cigarro, encontrar a sua prostituta vietnamita e, enfim, vai achar essa guerra uma coisa excitante...
...
E, da próxima vez, o senhor tirará fotos que não ousou tirar hoje. E nós deixaremos que o senhor as tire. E as suas fotos vão nos prejudicar demais. Mas isso é o que nos diferencia dos inimigos.

O ATENTADO DE
27 DE FEVEREIRO DE 1962

Começo da manhã de 27 de fevereiro de 1962.
Cuidado, não se pendurem! Estou cuidando da Bebê*!
Não se preocupe, Mamãe. Estamos brincando de Clube dos Três!
Bom, Mireille, anote bem: "Um indiano suspeito foi visto entrando no prédio. Usava um turbante".
Um vietcongue escondendo uma granada no turbante?
SCRACH SCRACH
Não, não tem hindus entre os VC!
Quem disse?
Não precisam brigar. Está muito calor pra isso!
Quando a gente vai à piscina?
Chu Ba vai nos levar. Ele foi levar o Papai ao escritório, mas volta logo.
?!
SCRACH SCRACH
Picadas de mosquitos

* Bebê: Anh-Nöelle

SHHH! Olhem, SKYRAIDERS!
Têm bombas debaixo das asas!
Tá, eu anoto. Que horas são? 7h13.
VRRRRR
Parece que eles estão sobrevoando o Palácio Presidencial!
VRRRRRRR
Olhem, aquele está mergulhando!!!
VRAAAAAAA
BRAOUM
VRRRRRR

Saiam da varanda, crianças!
Buáá! Buáá!
Vocês estão loucos ou o quê?!
BRAOUM
!!
BRAOUM
Nossa! Voltem logo para dentro!
Buáá! Buáá!!
Meu Deus, o que é isso?
Dadá!
Você acha que é um ataque vietcongue, Mamãe?!
EU NÃO FAÇO IDEIA! Se pelo menos o seu pai estivesse aqui!
BLAM

BAOUM
VRAOUUMM
RA TA TA TA
DADA!
AAAAAH!
ESCONDAM-SE DEBAIXO DA MESA, RÁPIDOOO!!
BUÁÁ
BUÁÁ

ROAAR
RA
A

TA TA TA TA TA
Meu Deus! Vem de todos os lados!
VRAOOOR
Você não tá com medo, Domi?
Medo nada! Você é o quê, um bebê?!
QUE SACO! Se pelo menos o Papai estivesse aqui!
Baba!
RA TA TA TA TA

Espero que Khanh esteja abrigado!
Ha ha! A Mamãe disse saco!
Hi hi! Ha! ha!
VROAAR
RA TA TA TA TA
Aaaaaah!
Buáá!
Caramba!
!
BLAM BLAM BLAM BLAM
102
O espetáculo durou cerca de quarenta e cinco minutos.

As explosões finalmente diminuíram, e já podíamos ouvir o barulho das esteiras dos tanques de guerra sobre o asfalto, além de buzinas, sinos de bicicletas e vozes. A vida recomeçava.

GRRRRR
DRIM DRIM
SAIGON FOTOS

Nosso telefone tocou.

Tudo bem com você e as crianças?!
Ah, é você, Khanh?! Eu estava morrendo de preocupação!
Tudo bem! Foi um susto! Pensei que fosse um ataque dos vietcongues!
Não, foi um atentado contra o presidente Diem. Eu volto assim que puder!
Dadá!
Dadá!

Na mesma noite, nossos pais comentaram o acontecido.

Um dos Skyraiders foi abatido perto do rio de Saigon e um dos pilotos, capturado. Eles o torturaram, imagine só, para descobrir se o complô tinha ramificações. O segundo piloto conseguiu pousar no Camboja.
Credo! Estamos bem, com um presidente que não consegue se fazer obedecer por seu próprio exército!
Dadá!
TA TA
TA TA
Seja como for, isso me provocou uma crise de fígado violenta!
Pra você, como eles torturaram o piloto?
Parece que dão eletrochoques...

No dia seguinte, junto com Chu Ba, nós nos misturamos aos curiosos que foram ver os estragos no Palácio da Independência. Os comentários se multiplicavam.

Foi um trabalho de precisão!
Venham aqui, dá para ver melhor!
!
C'rem... C'rem... Cà rem! *
Chú Ba Domi Marco

Uma das alas desse antigo palácio do governador-geral da Indochina estava destruída.

Os autores do atentado visavam o presidente e seu irmão, Ngo Dinh Nhu.
Sem esquecer a senhora Nhu!
CLIC CLAC

Só que eles se enganaram de ala. O presidente e a família Nhu ocupam a ala intacta!
Có thể ăn cà rem, Chú Ba? *

* Sorvetes

* Vamos tomar sorvete, Chu Ba?

FLASHBACK

Cinquenta anos depois, eu pude reconstituir os fatos desse atentado espetacular de fevereiro de 1962.

VRRRRRRRRRRR
No amanhecer de 27 de fevereiro de 1962, dois Skyraiders decolam da base de Bien Hoa para uma missão de apoio ao solo no delta.

Mas, em vez disso, os pilotos seguem em direção ao centro da cidade de Saigon.

Quero dar um alô à minha velha tia!
Aquela que mora num palácio? Positivo!
C
Q
3524

O Douglas Skyraider era um robusto caça-bombardeiro a hélice, muito eficaz para ataques cirúrgicos como o lançamento de napalm. Um de seus apelidos era "búfalo doido".

O alvo é a ala norte do palácio!
Ala norte. Positivo!
VRRRRRR

Vamos lá!
VRRRRRRRRRR
VRRRRRRRRR
BRAOUM
Pelo Vietnã!
VRRRRRRR
CLIC
CLIC

Quando as primeiras bombas foram lançadas, o presidente Diem estava folheando uma biografia de George Washington, presente de um diplomata americano.

Após a primeira explosão, o assessor de segurança correu ao escritório do presidente Diem.
BRADUM
!
Senhor presidente, precisamos descer para o abrigo!
VRRRRRRR
CLIC
CLIC
Passado um instante de estupor, a guarda presidencial respondeu.
RA TA TA TA
Reforços aéreos foram chamados.
Há dois Skyraiders da 1ª esquadrilha de combate a ser abatidos! Derrubem esses sacanas!
RA TA TA TA

Os navios militares ancorados no rio de Saigon entraram na dança.

POM POM
POM
POM
POM
POM POM
16

Começou um duelo entre os Skyraiders inimigos e os caças enviados em sua perseguição.
RA TA TA TA
ZAAAAP
ZAAAAP
TRỜI ƠI!!*

O avião do tenente Quoc foi atingido pela artilharia naval.

* Ah, meu Deus!

O avião caiu no rio de Saigon. O piloto conseguiu ejetar-se da cabine e foi resgatado ao mesmo tempo que o seu aparelho.
O piloto saiu ileso. Nós o levaremos à Segurança.
RRRRRRRR
O tenente Quoc foi logo interrogado para que se descobrisse se ele tramava um complô mais amplo.
Chefe da Segurança militar
Chefe da Segurança interior
Uuuuuh!!
QUEM SÃO OS SEUS CHEFES? FALE, DESGRAÇADO!
CH HAAAK
Depois de longos minutos...
Você vai falar, canalha?!
Aaaah! ESPEREM!

Eu e meu parceiro fizemos isso num arroubo...
O presidente é muito frouxo! É um civil!
Os militares – os verdadeiros, não os acomodados – querem ganhar essa guerra...
E, principalmente, é mal assessorado!
Acho que ele está falando a verdade.
Este é o quarto atentado contra o nosso presidente. Achamos que os americanos estão por trás disso. Prossiga!
Aaaah!
SCHLAAK
FALE!
SCHTAAKK
Uuuuh!

CHEGA! LEVEM-NO À PRISÃO MILITAR!

O chefe da Segurança militar conhecia as famílias dos pilotos. Todo mundo se conhecia, em Saigon. Laços familiares complexos ligavam os vietnamitas. Depois do crime de lesa-majestade, o terrorista foi simplesmente jogado na prisão. Foi libertado em 1963, quando houve o golpe de Estado que pôs fim ao regime de Diem. Ele morreu em 1965 durante uma missão de bombardeio ao Vietnã do Norte.

O piloto do segundo Skyraider conseguiu conquistar seguidores depois de fazer uma aterrissagem forçada em Phnom Penh, no Camboja. Seu avião estava crivado de 50 projéteis.

SsHHHHHHHHH

Acreditando ter eliminado o presidente Diem e seus assessores, o Tenente Cü fez uma declaração aos jornalistas que cercaram a aeronave.

O povo vietnamita e alguns elementos do exército detestam o regime imposto por Ngo Dinh Diem e sua família!
CLIC

O Camboja concede asilo político ao piloto renegado. O Tenente Cü viveu no exílio até o golpe de Estado de novembro de 1963, que derrubou o regime de Diem. Ele ainda era vivo em 2011, dividindo-se entre o Vietnã e os Estados Unidos.

O que teria se passado no palácio presidencial? O presidente Diem havia sido levado ao abrigo por seu irmão e conselheiro, Nhu, acompanhado de seus quatro filhos.

BRAOUM
Assessor de segurança
Ngo Dinh Le-Thuy
Ngo Dinh Diem
ONDE ESTÁ A MAMÃE? O que está acontecendo, pai?
Não sei de nada!
Ngo Dinh Nhu
Será que são MIG* nos atacando?
Não faço ideia por enquanto. Mas onde está a sua mãe?
Alguém viu o monsenhor Thuc?
Ele estava na capela, Papai!
BRAOUM

* Avião de caça soviético

Thuc, arcebispo de Hué e irmão mais velho do clã Ngo, rezava desde o amanhecer na capela do palácio. As bombas o pouparam também, o que ele interpretou como fruto da intervenção divina.

SANTA MARIA!
BRAOUM

Madame Nhu chegou por último, ilesa apesar de uma queda ao atravessar um pavimento atingido por uma bomba. Ela escapou com alguns arranhões.

Crianças, Deus seja louvado,
vocês estão sãos e salvos!
!
Má!*
Má!

* Mamãe!

As únicas vítimas do bombardeio foram três funcionários do palácio. Aproximadamente às 8 horas do mesmo dia, o presidente fez um pequeno pronunciamento no rádio.

Graças à proteção do Todo-Poderoso, eu prossigo sem descanso o meu mandato no comando dos interesses da nação.

Depois disso, Diem pegou um helicóptero para inspecionar um posto numa província remota. Por precaução, todas as operações da Aeronáutica foram suspensas.

Dois dias depois, o embaixador dos Estados Unidos, Nolting, visitou Diem no palácio Gia Long, uma vez que o palácio da Independência fora desativado.

Senhor Presidente, o senhor acredita que esse atentado...
... seja somente iniciativa de dois oficiais desertores?
Sim, eu recebi os pilotos da 1ª esquadrilha de combate da base de Bien Hoa...
Eles são jovens... imaturos e impetuosos, como o senhor sabe, mas eles lamentam sinceramente a atitude de seus dois colegas tresloucados! Acredito na lealdade deles.

Segundo as nossas fontes, os pilotos do atentado são de famílias muito ligadas à extrema direita.
Essas pessoas acham que eu não sou suficientemente duro com os comunistas e que elas fariam melhor no meu lugar.
Os dois conjurados certamente foram influenciados pela imagem negativa que a imprensa estrangeira apresenta das minhas ações.
A imprensa do seu país sabota todos os nossos esforços! Os dirigentes comunistas de Hanói têm as mãos livres!
Sim, mas é justamente nisso que o senhor se diferencia. A liberdade de imprensa está no coração da concepção americana de democracia. Senhor Presidente, o senhor tem nosso total apoio!

Que dia duro! Os americanos devem achar que o presidente não consegue se fazer respeitar pelo seu exército. O efeito disso é deplorável... Yvette deve ter tido muito medo durante o bombardeio! Espero que ela resista!
Phở Gà đặc biệt

MADAME

Em 1962, um desfile inédito aconteceu durante o dia dedicado às duas irmãs Trung, heroínas do 1º século que expulsaram o invasor chinês, à frente de um exército de mulheres.

Olha, Domi, tem soldados mulheres no desfile!

Depois do cortejo tradicional, um batalhão feminino desfilou em formação. Eram as Jovens Republicanas de madame Nhu, o braço armado de sua organização feminista, o "Movimento de Solidariedade das Mulheres" – o MSM –, cujos trajes ela desenhou bem à moda *Jornada nas Estrelas**.

Você viu? Elas têm carabinas US M1.
Ah, sei lá. Estou olhando os peitinhos delas!

* O episódio 45 da série *Jornada nas Estrelas*, intitulado "Uma guerrinha particular" (fevereiro de 1968), foi diretamente inspirado no começo do engajamento americano no Vietnã: madame Nhu, os vietcongues, os boinas-verdes, etc.

Carta de Mamãe a seus pais em Saint-Malo, março de 1962:

A população foi tranquilizada pelo desfile das irmãs Trung com seus batalhões de mulheres soldados, que aliás usavam um traje excelente. Foi uma ideia de madame Nhu. Não me parece uma tolice, pois se as mulheres se juntarem à defesa do país, como elas fizeram no passado contra os chineses, isso vai pegar mal para os inimigos. Mas os homens reclamam, covardes como sempre. Eles estão apavorados e temem se envergonhar dessa vez. Talvez essa seja a razão do bombardeio do palácio presidencial.

Teriam os pilotos de 27 de fevereiro, com o seu orgulho de macho ferido, decidido matar madame Nhu? Eles visavam todo o clã presidencial, a família Ngo.

Madame Nhu desejava representar a mulher vietnamita moderna e emancipada e, num país onde se espera das mulheres uma aparente submissão, isso irritava muita gente. As suas tesouras haviam modificado o modelo tradicional do vestido vietnamita, dando-lhe uma gola decotada e menos pomposa que a chinesa habitual. Ela também havia desenhado os trajes de parada das Jovens Republicanas, que ela chamava de suas "queridas".

O vestido tradicional modernizado por madame Nhu.

Le Thuy, filha dela, usando o uniforme das Jovens Republicanas.

Para criar sua milícia, Madame* adotou o modelo do adversário. Entre os comunistas e na FNL, as mulheres também combatiam. Elas cumpriram um papel considerável nas guerras do Vietnã. Porém, depois da vitória, a mulher retomava seu lugar tradicional.

Dizia-se que as Jovens Republicanas contavam com antigas prostitutas em suas fileiras, pois Madame fazia uma cruzada contra a devassidão. Com o afluxo de conselheiros americanos – 12 mil em 1962 – e do dólar, todos os tipos de tráfico floresceram. Madame mandou fechar as boates e danceterias. As danças ocidentais (tuíste, chá-chá-chá, *slow*) foram proibidas.

* Naquela época, bastava dizer "Madame", que todos entendiam "madame Nhu".

Aquela que a imprensa americana chamava a "Senhora Dragão" (alusão à maquiavélica heroína asiática dos quadrinhos de Milton Caniff) pregava a ordem moral e a virtude como soluções definitivas no braço de ferro contra o Vietcongue puritano e espartano.

Ela tem razão. Há muita permissividade!
É claro, com essa enxurrada de dólares!
E, além disso, a dança ocidental é ambígua...*
Dadá! Dadá!
Saint-Émiliongue (no sotaque de Saigon)

* O *slow*, o chá-chá-chá e o tuíste eram danças muito ousadas para os vietnamitas.

Membro da Assembleia Nacional, madame N'hu tinha feito votar leis proibindo o divórcio, o adultério (que programa amplo!), a poligamia (!) e o aborto. O objetivo dessas leis era proteger a mulher vietnamita. Mas lei alguma podia curar madame N'hu de seu insaciável apetite pelo poder.

O poder é maravilhoso. O poder absoluto é absolutamente maravilhoso!

Mamãe muitas vezes punha em dúvida a virilidade e a combatividade dos homens do regime de Saigon. Quando temos medo, é o braço forte que nos tranquiliza. Os vietnamitas são menores que os ocidentais, mas é bom desconfiar das aparências.

Bem, ela foi simpática nessa recepção!
Hmm... Os seus colegas são muito efeminados. Não é desse jeito que vamos vencer os vietcongues.
Então, ainda não está dormindo, Marco?
Mamãe, amanhã você me compra uma espada no Jardim Botânico?
ZIIIP

É verdade que, se os quadros do Norte comunista tinham sido forjados pela guerra contra os franceses, as nossas elites, no Sul, haviam crescido no colo do antigo poder colonial e manejavam melhor a caneta do que o fuzil – eram palacianas –, ficavam mais à vontade na cidade do que no campo.

Papai era um homem dedicado ao trabalho e contribuía à sua maneira com o esforço de guerra. Nós o víamos pouco em casa. Como mamãe dizia: "O seu pai trabalha como um escravo". Falava-se assim naquela época.

Bem, vou pra cama! Começo às 6 horas amanhã!

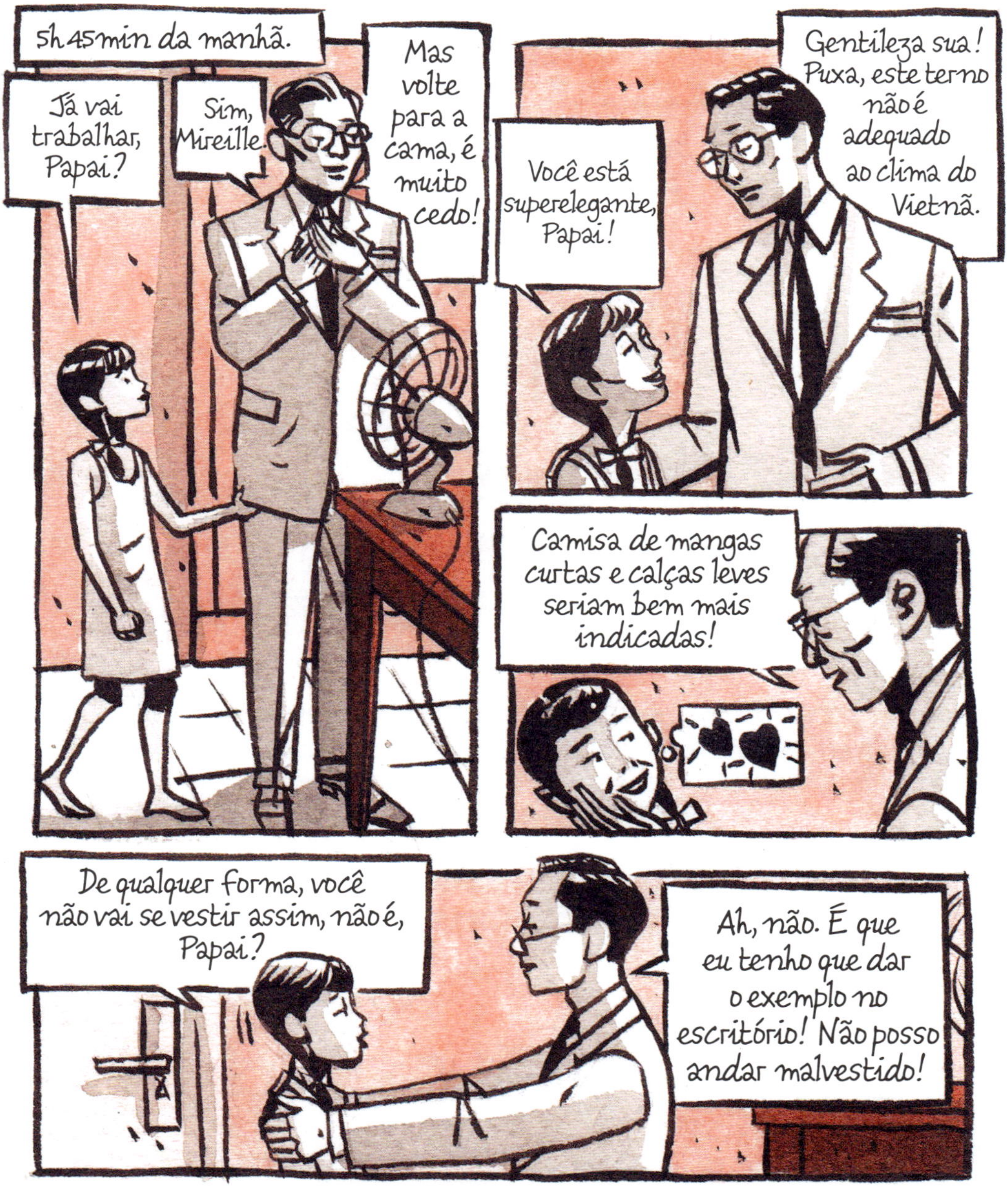
5h45min da manhã.
Já vai trabalhar, Papai?
Sim, Mireille.
Mas volte para a cama, é muito cedo!
Você está superelegante, Papai!
Gentileza sua! Puxa, este terno não é adequado ao clima do Vietnã.
Camisa de mangas curtas e calças leves seriam bem mais indicadas!
De qualquer forma, você não vai se vestir assim, não é, Papai?
Ah, não. É que eu tenho que dar o exemplo no escritório! Não posso andar malvestido!

A jovem república do Vietnã se instalara nos escritórios do antigo poder colonial, do qual havia vestido a camisa, ou seja, o famoso "terno de linho branco", símbolo da dominação branca na Ásia descrito por Marguerite Duras. Essa vestimenta nos identificava imediatamente com o lado do Ocidente burguês, numa época em que estavam na moda a farda (Castro, Guevara, Nasser), o pijama chinês (Mao, Ho Chi Minh) e até a tanga (Gandhi)!

O cargo de nosso pai dava-lhe o direito de usar um 403 preto funcional.

Olha, este banco traseiro está furado! É preciso consertar isso, hein?
Sim, eu escutei a calça do senhor fazendo barulho!
BIII
BIII BIII
DRING
DRING

O dia dele começava no palácio presidencial, pois ele era também intérprete oficial do presidente. Chefes de Estado, militares, jornalistas e religiosos iam verificar a saúde do regime e oferecer seus conselhos. Diem compreendia bem o inglês, mas preferia que suas falas fossem fielmente traduzidas. Sempre pergunto a meu pai sobre essa época.

Era difícil traduzir as falas do presidente?
Não, eu conhecia o discurso dele de cor.
OUEST FRANCE

Papai muitas vezes voltava do escritório esgotado, com uma fisionomia fatigada e grave. Cansado demais para brincar conosco.

Papai! Papai!
Papai, olha a minha Colt 45 de montar!
Crianças! Deixem o seu pai respirar por dois minutos!
Tudo bem, Yvette, tudo bem!

Mas, assim que ele tirava o seu terno de alto funcionário, ele se descontraía e esquecia as suas preocupações.

Gracinha! Gracinha!
Papá! Papá!
Vão brincar no quarto com as suas armas, rapazes!!
BANG BANG

O clima lá em casa muitas vezes ficava tenso, pois Mamãe periodicamente se transformava numa *déspota*. A sua tirania podia tomar a forma de uma mania de limpeza e ordem. Ela declarava guerra à "imundície".

Vamos, quero ver esta cozinha um brinco! Olha aquela sujeira lá!
Pobre Chi Hai!
SIM SENHOLA!

Nessas fases de "varrição", ela parecia insensível ao cansaço e tomada por um estranho sentimento de superioridade.

Use mais água sanitária, Chu Ba, mas que droga!
SIM SENHOLA!

Ah! O que é que eu vim fazer no Vietnã!

Também podia sobrar para nós, as crianças.

Já chega! Que bagunça, este quarto!
?!
!?
!

Essas explosões aconteciam muitas vezes nos fins de semana e nas férias. Nesses períodos de prisão forçada, nós nos tornávamos um fardo para Mamãe.

Férias de novo?! O que fazer com vocês durante três semanas?!
O nível escolar em Saigon é nulo! Vou fazer vocês trabalharem!
Que tédio!
Já chega de desleixo! Isto é a indolência asiática! Vou dar na sua cara, vocês vão ver!
Este caderno está um lixo, você vai refazer tudo!
CRISSSS

Nós também virávamos seus reféns: espectadores, figurantes e vítimas de suas crises. Papai não escapava de entrar na roda.

Isto é a reeducação pelo trabalho manual! Perfeita para os intelectuais! Ha ha ha!
!?
Um de cada vez!
O que a Mamãe está fazendo?
Está descansando na cama...
Papai, hoje não é o domingo de Páscoa?
Bem, sim...
Legal, talvez a gente ganhe ovos de chocolate!
Ao trabalho, crânios!
Buáá! Buáá! Papá!
Mamãe está muito cansada por causa do nascimento da sua irmãzinha, como vocês sabem...

Carta de Mireille a nossos avós de Saint-Malo (abril de 1962):

Há alguns dias nós fomos ver Constantino, o Grande. No domingo de Páscoa, fizemos faxina na cozinha. Eu sei nadar e me divirto bastante na piscina...*

* Filme italiano, de Lionello de Felice, 1960, em *totalscope*.

O que nós não suspeitávamos na época – isso não era oficial – é que Mamãe sofria da síndrome maníaco-depressiva, hoje conhecida como bipolar: uma doença em que a vítima alterna altos e baixos, como uma maré de altíssima amplitude.

Maré baixa — Jusante ou refluxo — Reponto — Preamar ou fluxo

Aos momentos de abatimento, em que o menor esforço parece impossível...
Não posso mais!
... sucedem fases de hiperatividade, ora eufóricas, ora agressivas. Ninguém pode prever o humor da pessoa em crise.
MARAVILHOSO
AO TRABALHO!

Nas crises extremas, o bipolar parece dominado ou possuído por uma espécie de demônio. Dr. Jekyll se transforma em Mr. Hyde. O bipolar nem sempre tem consciência do seu estado. Essa instabilidade pode ser genética ou causada por um choque, uma perda, um medo.

Existem tratamentos com remédios e psicoterapias, mas é preciso que a doença seja identificada com clareza... No caso de Mamãe, o desenraizamento e a guerra foram os estopins desse distúrbio mental terrível.

Não era fácil conter os *tsunamis* de Mamãe, as suas temíveis fúrias. Ela oscilava entre desânimo e vituperação. O cansaço ou alguma emoção podiam provocar a mudança.

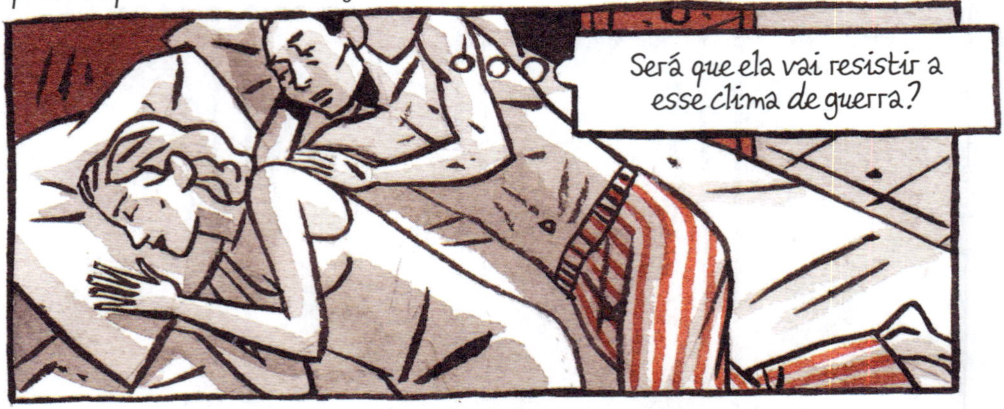
Será que ela vai resistir a esse clima de guerra?

Os vietnamitas estavam habituados a esse clima de guerra. Eles precisavam disso, estavam sempre em conflito.

RRRRRRRR
Ah, vai sim. Em Saigon não há nada a temer...

Já vi o bastante deste país de loucos! Não aguento mais!
RRRRRAAN

OS CATÓLICOS DO VIETNÃ

Na Páscoa*, recebemos uma edição ilustrada da Bíblia, *A Bíblia em Imagens* (Ed. Desclée de Brower, 1951). Era meu livro de cabeceira, junto com a Enciclopédia pela imagem *Todo o Universo*, que comprávamos toda semana na livraria Portal da galeria Éden, descrita por Marguerite Duras em *Cinema Éden*.

Quero levar mais um *Clube dos Cinco*, de Enid Blyton!
ÉDEN ESPORTES
ESPORTES

Eu era como um peixe dentro da água no universo orientalista do Antigo Testamento. Aqueles povos dominadores e escravizadores de si mesmos, que se entrematam? Eu sabia bem o que era isso!

Porém Deus não estava nem no vento, nem no tremor de terra, nem no relâmpago. Depois, houve um murmúrio doce e leve.

Quando Elias o escutou, cobriu o rosto com o manto.
Depois, houve um murmúrio doce e leve.
Por que ele fez isso, Papai?
Isso quer dizer que a voz de Deus é um murmúrio doce e leve.

* Ao escrever estas linhas, no dia 25 de abril de 2011, domingo de Páscoa, recebi de meu pai a notícia da morte de madame Nhu, aos 87 anos, numa clínica de Roma.

Em 1962, a voz dos católicos do Vietnã não tinha nada de doce nem de leve. Ela bradava o seu anticomunismo em alto e bom som. O presidente Diem se apoiava na comunidade católica, uma minoria vigorosa reforçada pelo afluxo de fiéis do Vietnã do Norte, que haviam fugido do regime marxista e não toleravam os dogmas de Hanói.

Tivemos que vender todos os nossos bens na rua por um preço irrisório...

... antes de fugir como ladrões. Não foi fácil vir para o Sul sem nada...

NUNCA MAIS!

Com muito trabalho, os refugiados católicos do Norte conquistaram cargos de confiança num Estado dirigido por um presidente que professava a mesma fé. Isso não deixou de alimentar rumores que o acusavam de favorecimento religioso.

Se eu fosse católico, há muito tempo já seria chefe de província!
E eu, coronel!

Saigon, aproximadamente 1962.

Os católicos vietnamitas, portanto, pareciam progredir de vento em popa. Ainda mais quando, em 1960, John F. Kennedy – o primeiro presidente católico dos Estados Unidos – trouxe a Diem o apoio da mais poderosa nação ocidental. Para agradecer o auxílio dele na cruzada antimarxista, Diem rebatizara a praça situada em frente à catedral de Nossa Senhora de Saigon como "praça do presidente John F. Kennedy".

Antes de se tornar praça JFK, esse lugar tinha o nome de um missionário francês de Luís XVI, monsenhor Pigneau de Béhaine, que também viera em socorro a um monarca vietnamita destituído de seu trono por uma revolta à paisana e populista*, criando assim um precedente. O príncipe, reinvestido do poder, tornou-se o imperador Gia Long. Alguns patriotas viram nele um traidor que introduziu a raposa do Ocidente no galinheiro nacional.

Saigon, aproximadamente 1900.
O bispo de Adran, Pigneau de Béhaine, junto com o príncipe Nguyen Canh, apresentou o tratado de 1787, que aliava a França e o Vietnã.
Vamos, mais rápido!
Arf, arf, arf!
Tap Tap Tap Tap

* A revolta de Tay Son (1770-1802). A avenida onde morávamos devia seu nome ao carismático chefe dessa revolta: Nguyen Hué.

Compreendia-se, portanto, que os católicos pudessem ser acusados de adeptos de uma religião estrangeira, tendo ajudado os "bárbaros europeus" a se instalar no Vietnã. Juntava-se a isso um antigo histórico* de perseguição que fazia do catolicismo vietnamita uma fé forjada pelo ferro do carrasco e banhada no sangue dos mártires.

RENEGUE A SUA FÉ!
NÃO!
JAMAIS!
SUAASH

O fervor de suas convicções fazia da comunidade católica ponta de lança da luta contra os comunistas. Católicos e comunistas vietnamitas tinham em comum o dogmatismo da fé. Os marxistas, contudo, superavam os seus adversários quanto à propensão ao martírio.

Comuna 'de choque'
Cura 'de choque'

* A chegada dos missionários cristãos à Indochina remonta ao século XVI.

Papai era um católico convicto. O seu credo enfatizava a caridade e a bondade. Mamãe ajustava o passo pelo ritmo da liturgia. Missa todos os domingos: rito romano, por favor!

Dominus vobiscum!
Et cum spiritu tuo!
Que tédio!
E como espirra o tatu!
Hi hi hi!

Certo dia, intrigado pelo procedimento do padre ao celebrar a "adoração eucarística", perguntei ao meu pai:

Papai, por que o padre trancou os cálices de ouro naquele cofre?
Shhhhhhhh!
É o tabernáculo! O padre põe lá o cibório com as hóstias e o cálice com o vinho. É lá que o vinho e as hóstias se transformam em sangue e corpo de Cristo!
Que tédio!
?!

Eu engolia em seco as explicações sobre o mistério da Transubstanciação. Tudo parecia possível no Vietnã*!

Depois da missa...
O quê? O padre bebe o sangue? Como os canibais em Robinson Crusoé?
Suspiro!
Adivinha como se chama o pai de Jesus Cristo!
Bom... Deixa eu ver... Deus?
TIỆM SÁCH
ĂN HÓA
Hei, rapazes! Vocês me esperam? Estou olhando os livros.
Que nada! É só dar um senhor Grito!!! Hi hi hi
Ha ha ha!

* No Vietnã, há o costume de se beber sangue para selar um pacto. Sangue de quem? Isso eu não sei.

Eu me lembro de um domingo, antes da missa. Chi Hai me passava nos cabelos um pente molhado com água-de-colônia e lavanda. Isso afasta os piolhos.

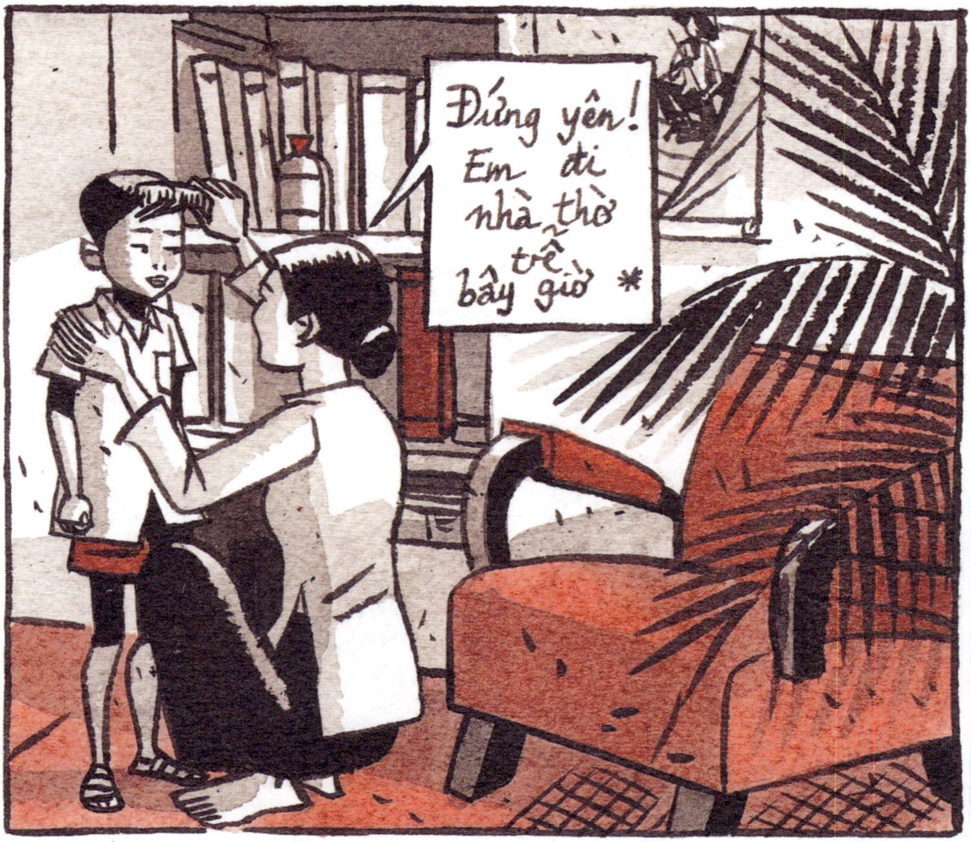
Đứng yên! Em đi nhà thờ trễ bây giờ *

* Pare de se mexer, você vai se atrasar para a missa!

Quero tocar os peitinhos dela! GLUP!

E eu me arrisquei a acariciar o seio de Chi Hai.

Ô hay!*
!

* Chega!

CLAP
Cái thằng láo táo này!*

* Seu safadinho, saia daqui!

Chi Hai tinha no máximo dezoito anos. Ela morava numa favela de Saigon, onde certa vez levou a minha irmã Mireille.

NGUYỄN THỊ KIM LIÊN
à Mạch Lươn
Em sẽ gặp mẹ chị!*
Hay quá! Còn Ba chị, Ông ở đâu?
VỆ SINH

* Você vai conhecer a minha mãe! Legal! E o seu pai, cadê ele?

VỆ SINH
Ờ, Ba chị chết hai năm rồi! *
Ờ, rất tiếc! Buồn quá chị hả.
*Ah, meu pai morreu há dois anos.
Puxa, sinto muito! Isso é tão triste!

Aos merecedores, católicos e comunistas prometiam o paraíso. Os primeiros, no céu; os outros, numa terra de futuro radioso...

AS ALDEIAS ESTRATÉGICAS

O grande assunto de 1962 foi o programa das aldeias estratégicas, um projeto espetacular que pretendia conter o avanço da subversão comunista.

BƯU-CHÍNH
7đ
VIỆT-NAM CỘNG-HÒA

Um selo foi impresso para marcar a ação. Torre de observação, fortaleza, cerca de bambus afiados e uma dupla de atiradores... Não era um clube de campo!

Ngo Dinh Nhu, irmão e principal conselheiro do presidente Diem, reivindicava a paternidade da ideia.

Estamos dando continuidade a uma tradição, a da aldeia protegida atrás de sua muralha de bambus.
Façamos também, dessas aldeias fortificadas, células de desenvolvimento econômico e social!

A ideia provinha da doutrina de Mao, segundo a qual os comunistas estavam, ou deviam estar, no seio da população "como um peixe dentro da água".

UPI
Privemos o peixe de sua água! Isolemos o Vietcongue da população deixando-a protegida atrás da cerca de bambu!
Sr. Nhu
AFP
NBC
Reuters
Durante a noite, qualquer pessoa fora de sua casa será considerada hostil e tratada como tal por nossas forças armadas!
Mas o que devemos entender por "tratada como hostil por nossas forças armadas", senhor Conselheiro?
Aqueles que nos forem hostis serão tratados como os comunistas tratam os inimigos deles.

Centenas de aldeias fortificadas começaram então a ser construídas no Sul. A população foi instada a contribuir.

ARF! ARF! Que trabalheira!
É, e enquanto isso deixamos de lado os nossos arrozais!
CLING
CLING

Toda essa empreitada me fez pensar no filme *Os Sete Samurais* (1954), de Kurosawa. Sete mercenários ajudam camponeses ameaçados por uma horda de bandidos a se defender, fortalecendo as defesas da pequena aldeia, formando uma milícia e pondo a mão na massa quando chega a hora do confronto.

Os camponeses do delta receberam muito mal o reagrupamento nas aldeias-fortes, que os afastava de suas terras e dos túmulos de seus ancestrais. A FNL fez uma boa jogada ao declarar que as aldeias estratégicas eram, na verdade, campos de concentração nos quais o povo ficava preso.

ĐẢ ĐẢO MỸ-DIỆM!!*
ĐẢ ĐẢO MỸ-DIỆM!
Não é fácil contrariar um cara armado!
Representante de uma unidade armada da FNL

A população do campo estava no meio do fogo cruzado.

Canseira! De dia, penamos pelos ricos, e à noite, suamos pelos comunas!

* Abaixo o regime americano-diemista!

CHƯƠNG TRÌNH
XÂY DỰNG
NÔNG THÔN
CỦA CHÍNH PHỦ
V.N.C.H.
NHẰM CẢI THIỆN
ĐỜI SỐNG
NÔNG DÂN

Este é um prospecto de propaganda feito pela República do Vietnã (V. N. C. H.), o regime de Saigon. Lê-se: "O programa de reconstrução rural da República do Vietnã visa melhorar a vida dos camponeses". Na verdade, o projeto das aldeias estratégicas revelou-se um equívoco e definhou pouco a pouco, mas, assim mesmo, foi uma pedra no caminho dos comunistas.

Eles levaram a ameaça muito a sério, como prova esse cartaz da FNL: "Vamos erradicar as aldeias estratégicas!". Sabe-se que esse cartaz de 1962 foi obra de um artista chamado Huynh Van Gam. Gam e meu pai nasceram na mesma cidade no delta do Sul e, por algum tempo, frequentaram o mesmo internato em Saigon. Em seguida, eles escolheram caminhos diferentes.

USARMY
TIÊU DIỆT
ẤP CHIẾN LƯỢC

GUERRA TOTAL

Reprodução de um prospecto de propaganda contra a FNL feito pelos serviços de guerra psicológica da República do Vietnã.

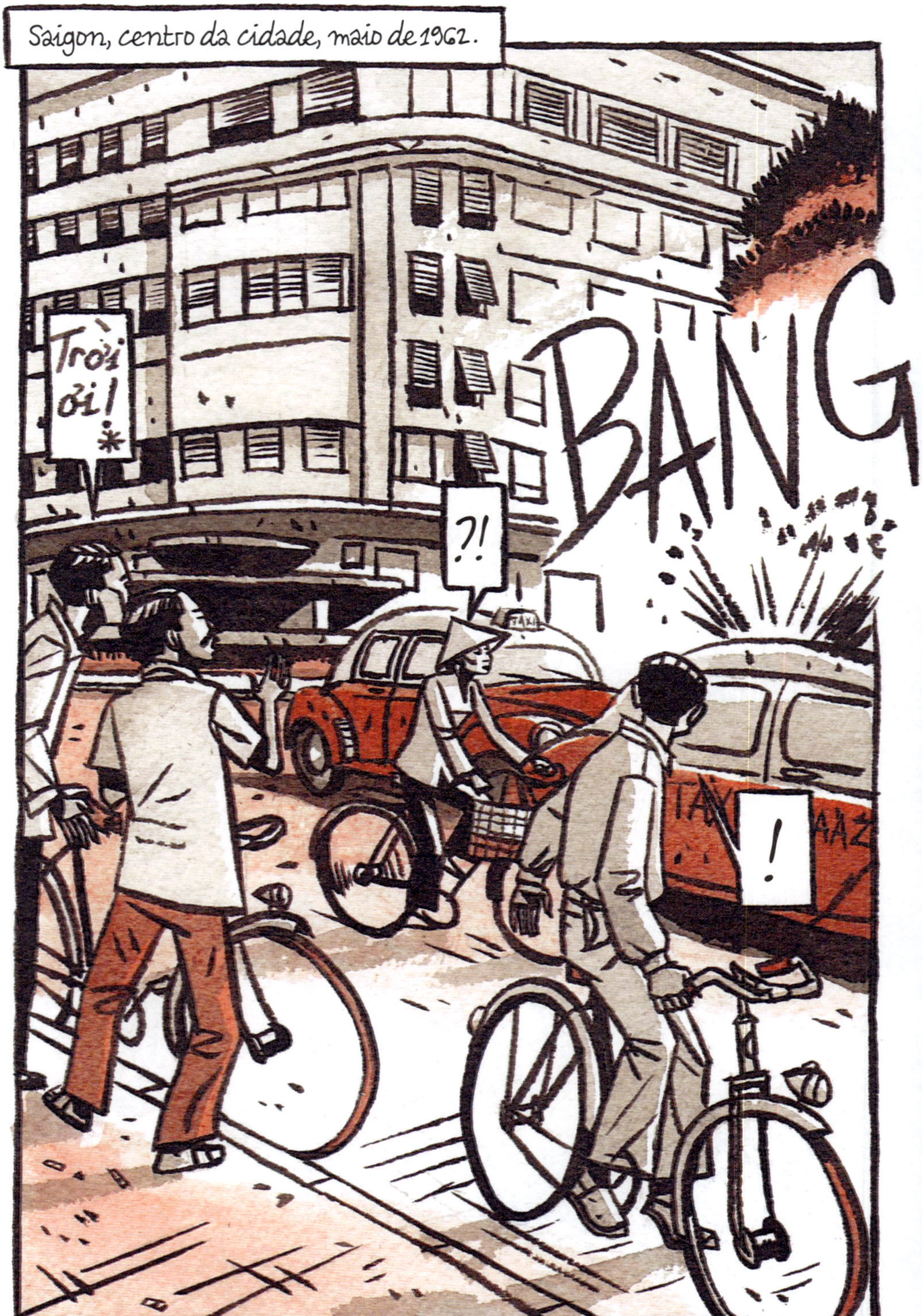
Saigon, centro da cidade, maio de 1962.
Trời ơi! *
?!
BANG
!

* Meu Deus!

Em maio de 1962, uma série de atentados a granada teve como alvos lugares frequentados pelos conselheiros americanos. Eles eram cerca de 2000 nessa época.

RELAXE
NO
BANHO A VAPO
PELO MELHOR PREÇ
59 TỰ-DO
TAYLOR-
55 Nhà Ma
Tự-Do - Q1
Porcaria de país! Você luta por eles e, quando vira as costas, eles chutam o seu traseiro!
Ei, mister! Quer comprar um massageador?
Mr CẮT TÓC

Junho de 1962. Estávamos no cinema, rindo das palhaçadas de Fernandel em *Ali Babá e os 40 ladrões*, quando explodiu uma granada no cinema em frente. Porém não tenho lembrança alguma disso.

BLAM
Mas o que foi agora?!!
Zzzzz
!?

Resultado: as idas ao cinema foram suprimidas. Mamãe preferia marés mais calmas...

Felizmente, Chu Ba nos levava com prazer aos cinemas vagabundos – sem ar-condicionado – que os americanos cuidadosamente evitavam.
ARIZONA COL
COLT
Mireille, aposto que o Chu Ba vai cochilar de novo, como no outro dia, em Sansão e Dalida*! Hi hi!
Sansão e Dalila, você quer dizer! Hi hi hi!
Bốn vé ban công*

* A cantora Dalida era muito popular em Saigon.
* Quatro lugares no camarote.

A gente se entupia de filmes épicos:
Ben-Hur pela cultura, *Hércules* e *Maciste* pelo fisiculturismo.
TÂY SÚNG CỪ KHÔI
ARIZONA COLT
Ai mua bánh chuối không?!*

* Quem quer biscoito de banana?

Por que se gostava tanto de filmes históricos em Saigon? Sem dúvida, as pessoas notavam semelhanças entre a Roma de César e a Saigon de Diem.

Todo o poder a César, soberano!
Varramos esses senadores arrogantes!

Como os centuriões de César, desgostosos com a República, nossos jovens oficiais de uniforme camuflado conspiravam contra a "diemocracia"*. Havia sempre no ar o rumor de um golpe de estado.

Esses civis são todos uns covardes!!
São muito molengas e gordos! A gente devia pôr a mão na massa, é o que eu te digo!
BLAM

* Diemocracia: trocadilho da revista *Paris Match*.

Um dia, Chu Ba chegou em casa com uma expressão abatida.

Chú Ba bịnh, không? *
Tudo bem, Chu Ba? Está com uma cara tão triste!
Doente, Chu Ba?
Không, tôi không bịnh, Madame, nhưng buồn lắm. *

* Você tá doente, Chu Ba? * Não, doente não, senhora. Mas estou muito triste.

E Chu Ba nos explicou que seu cunhado, piloto de ensaios na escola de base de Nha Trang, havia sido morto, pois seu avião caíra no mar da China.

Pobre Chu Ba. É um ótimo sujeito.
Vợ nó, góa bụa với ba đứa con, đau buồn đến điên luôn! *
Que coisa triste!

* A viúva dele, mãe de três filhos, está sofrendo demais!

Mamãe precisou desistir de nos matricular na escola americana. Conselheiros americanos militares e civis chegavam constantemente. Seriam 12 500 no ano seguinte.

A chegada de tantos americanos faz os preços subirem!
O que fazer dos meus pestinhas?
Três meses de férias? Mas que país!
Elvira

Nós? Bom, estávamos ocupados...

Vai, Kruschev!
Kennedy, ataque!
GLUP
GLUP

AÊÊÊ!!! Ganhei!!!
Mas como vocês são cruéis!
Droga, o meu Kennedy fugiu!

O peixe-lutador (*Bettasplendens*) vive nos laguinhos de água doce dos arrozais. Confinados, dois machos podem brigar até a morte, o que, no Vietnã, virou motivo de apostas.

Na verdade, a situação não tinha nada de animadora. O fluxo de homens e de armas prosseguia sem descanso pela estrada Ho Chi Minh, o que o Norte sempre negava veementemente.

Hanói se recusava a admitir qualquer ingerência nos assuntos do Sul, dando a entender que a rebelião da FNL fora apenas uma iniciativa de "patriotas" egressos do regime de Saigon. A pista terrestre havia sido replicada numa via marítima.

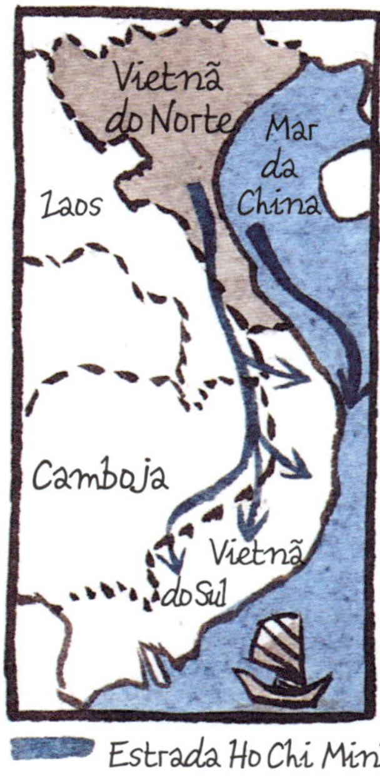
Vietnã do Norte
Mar da China
Laos
Camboja
Vietnã do Sul

Estrada Ho Chi Minh

Uma unidade especial foi criada na fronteira – a Junk Force* – a fim de interceptar os deslocamentos rumo ao Sul.

* Lực Lượng Hải Thuyền

A divisa da Junk Force era Sat Cong, isto é, "Morte aos comunistas"! Alguns fuzileiros tatuavam essa palavra de ordem no peito. Não era boa ideia ser capturado vivo pelos vietcongues!

"Sat cong" era também a divisa dos Rangers, uma tropa de choque criada em 1960 conforme o modelo americano.

SÁT CÔNG

BĐQ
SÁT-CÔNG

Distintivo dos Rangers sul-vietnamitas (Biet Dong Quan).

"Morte aos comunistas": uma divisa digna de um pesticida ou de um inseticida! Esses lemas de mau gosto eram frequentes no lado anticomunista. Os comunistas preferiam uma linguagem mais poética. Eles usavam palavras que faziam sonhar, belas demais para serem verdadeiras

A VITÓRIA sobre os fantoches nos trará a PAZ, a LIBERDADE e a DEMOCRACIA! Nós realizaremos a REFORMA AGRÁRIA!

Nossa estratégia era tão mal elaborada quanto a do oponente! A quinquilharia de país rico que Tio Sam despejava sobre nós serviria apenas para uma guerra convencional – coisa que aquela definitivamente não era – e afastava a nossa população.

VRRRRRRRR
VRRRRRRRR
Ô! Còn gì ruộng tôi! *
* Meu arrozal!

Esse arsenal – que se tornou gigantesco a partir de 1965 – provocou inúmeros "efeitos colaterais" (eufemismo criado naquela época).

Đồ giết người! *
* Assassinos!

A partir de 1962, os desfolhantes passaram a ser empregados no Sul. A vegetação exuberante do Vietnã oferecia aos vietcongues a camuflagem ideal. "Acabemos com a floresta!", declararam os americanos ao lançar a operação Ranch Hand* (1962-1970). As beiras de estradas e de postos militares, bem como as margens dos rios, foram desmatadas graças à ação de desfolhantes aspergidos em quantidades industriais.

Isso foi o começo do emprego massivo do agente laranja. Esse termo designa o coquetel de herbicidas lançado ao amanhecer, antes do calor, para que o ar quente, ao subir, não afastasse a névoa alaranjada e mortal. Ainda hoje, esse veneno faz algumas crianças nas zonas "tratadas" nascerem com deformidades.

* Funcionário de um rancho, caubói.

Que sabia eu, em 1962, sobre a guerra química? Nada. No fundo, a nossa propaganda governamental difundia o medo do inimigo invisível – o Vietcongue –, mas nós estávamos muito mal informados sobre o que o governo realmente fazia.

Tigela chinesa de plástico

Aaaah! Morra, lacaio do imperialismo ianque!
Suspiro!
?!
Domi, com a cueca da moda

ARGHHHHH!
SUSPIRO!
RA TA TA TA!
MORRA, seu TERRORISTA vietcongue!

E o nosso pai? Ele tinha acesso a muitas informações.

Saint-Malo, 2011.
Papai, você estava a par do uso de desfolhantes?
Sim, mas em 1962 o presidente queria, sobretudo, destruir as lavouras nas áreas vietcongues. Tratava-se de privar o adversário de seus meios de subsistência.
Os militares acreditavam que evitariam as emboscadas ao desmatar os arredores de postos, de estradas e dos cursos dos rios.
Acabemos com a floresta, assim veremos melhor para atirar?!
Sim. Bom, era para limitar as nossas perdas!
Sabe, Marcelino, nós não calculávamos a extensão dos efeitos que o uso do agente laranja provocaria depois.

A COLUNA DAS IRMÃS TRUNG

Julho de 1962. Fazia um ano que estávamos em Saigon. Em suas cartas, Mamãe falava dos progressos de nossa irmãzinha Anh-Noëlle, de Papai "se matando de trabalhar", de nossas férias escolares intermináveis, dos atentados na cidade e da incompetência dos empregados. O seu tédio era enorme.

Não aguento mais este país! Quero voltar para a França com as crianças!
Então pode voltar!

Houve crises seguidas de reconciliações ou de birras, como mostra essa historinha enigmática que minha irmã Mireille (11 anos) juntou a uma carta para nossos avós de Saint-Malo.

O Patrão e a Patroa estão de mal. Faz uma semana que eles não se falam, mas, como a vida tem de continuar, trocam bilhetinhos entre si.
Numa noite, o Patrão deixou na cabeceira uma nota: "Acorde-me às 7 horas". E na manhã seguinte, ao despertar às 9 horas, ele encontra uma outra nota: "Acorde, são 7 horas."

Shh! Não façam barulho! Papai e Mamãe estão fazendo a sesta.

Certo dia, de uma vez só, Mamãe demitiu nossas empregadas: Chi Hai e sua irmã Chi Ba, que viera para ajudá-la. Chamou-as de imundas, ladras, incapazes, burras, débeis mentais...

CHI HAI
CHI HAI
CHI BA
CHI BA

Quanto a mim, eu gostava bastante delas. Uma vez elas me levaram até a casa onde moram. São muito pobres! O pai delas já morreu.
É, eu também gostava muito delas...

Bem depois, soubemos que o pai delas não havia morrido. Ele tinha simplesmente se juntado à resistência clandestina. Em 1975, ele reapareceu com o grau de capitão do Exército Popular. Essa guerra foi também a rebelião das domésticas e dos serviçais.

Papai, você sabia que o pai de Chi Hai e Chi Ba estava no Vietcongue?
Sim, minha mãe tinha me contado. Ela era amiga próxima da mãe dele.
Você podia ter guardado ressentimentos dele...
Não, nunca! Todos os vietnamitas tinham parentes na resistência. Meu primo Ai, por exemplo, era vietcongue e toda a família sabia disso!
Um dos irmãos mais velhos de minha avó paterna tinha se casado com uma mulher muito rica. Os filhos dele foram criados em meio ao luxo. O caçula, Ai, estava sempre junto com um empregado.
Esse empregado escovava os dentes dele...
Tchic Tchic
vestia-o...
... e o carregava nas costas em qualquer deslocamento mais longo!
Em 1945, seduzido pelos ideais igualitários da Revolução, Ai se engajou no Vietminh*...
Adeus, Mestre!
... e só reapareceu trinta anos depois, ao fim da guerra,* com o uniforme de chefe de batalhão do Exército Popular do Vietnã.

* Movimento de resistência comunista contrário aos franceses.

* 1975: fim da guerra do Vietnã (1959-1975).

Outubro de 1962. No Cais Bach Dang, bem perto de onde morávamos, uma realização do regime fazia a população de Saigon meditar: a coluna das irmãs Trung*.

Bem, a professora nos contou que as irmãs Trung expulsaram os chineses à frente de um exército de mulheres, perto do ano 40 depois de Cristo, blá-blá-blá...!
Eu estou imitando a irmã que vigia a fronteira do norte!
(Saco!) E se a gente comesse uns biscoitos de banana?

* Contava-se que Trung Trac, voltada para o sul, defendia a fronteira meridional, enquanto sua irmã Trung Nhi vigiava as movimentações dos comunistas do norte.

Corria o boato de que madame Nhu e sua filha Le Thuy haviam posado para emprestar os seus traços às duas heroínas nacionais.

Não sei se isso é verdade. Mas o fato é que, em março de 1963, um selo postal foi impresso em homenagem à coluna das irmãs Trung. E, nesse selo, madame Nhu e sua filha eram as estrelas.

A opinião pública se perguntava com que direito madame Nhu se apropriou do mito nacional das irmãs Trung.

Em 26 de outubro de 1962, dia da festa nacional em comemoração ao 7º aniversário da República do Vietnã, o novo helicóptero de combate cedido pelo Tio Sam – o famoso BELL UH-Iroquai, apelidado de "Huey" –, foi exibido em frente ao Hotel de Ville.

Esse helicóptero tornou-se emblemático da guerra do Vietnã. Presumia-se que ele faria a balança pender para o lado de Saigon. Mas, querendo mostrar que não baixavam a cabeça, os vietcongues lançaram duas potentes granadas na multidão, fazendo seis mortos e dezenas de feridos.

Seis mortos e 37 feridos? Uma ninharia, se comparada à destruição que essas "caçadas" provocariam nos anos seguintes. Mas a mensagem dos comunistas era clara.

Os amigos de nosso inimigo americano são nossos inimigos!
E todos os que apoiam os vietcongues são nossos inimigos!
TCHOFF TCHOFF
TCHOFF
SUAAASH
SUAAASH

Papai e Mamãe estavam na multidão em frente ao Hotel de Ville. Carta de Mamãe datada de 30/10/1962, em que ela recorda os fogos de artifício dos nossos dias de festa:

Os armamentos que os americanos trazem aqui sem dúvida impressionam os inimigos. Houve uma explosão de granada no meio de uma exposição de armas americanas a 200 m da nossa casa, com 6 mortos e 37 feridos! Felizmente, percebi que eles lançam granadas em alguns lugares bem determinados – são poucos os lugares eleitos (que minúcia!) – e que somos bombardeados somente nos dias de festa. O sargento vietnamita que pegou a granada se deitou sobre ela em vez de arremessá-la à multidão. O exército se comportou bem, os soldados tiveram uma boa atitude. A multidão de 26 de outubro era compacta, alegre e incontrolável. Imagine que ela se reconstituiu cinco minutos depois da explosão. As pessoas estão ávidas por qualquer espetáculo.

Esses atentados davam medo, mas num piscar de olhos a vida recomeçava. Na cidade, podíamos nos dar por felizes. A verdadeira guerra acontecia no campo. De tempos em tempos, para convencer a população de que iríamos ganhar, o governo exibia as presas abatidas.

Você viu? A praça Lam-Son está lotada!
É mesmo, vamos ver!

Eu me lembro bem de uma estranha exposição em pleno centro da cidade... Uma ostentação de armas apreendidas dos vietcongues – troféus dessa simpática guerrinha.

Uau!
Uau! Morteiros!

Na praça, em frente à Assembleia Nacional, enfileiravam-se armas de todos os calibres e proveniências, identificadas por placas.

Você viu a metralhadora francesa?
Que horror! Que barbaridade!
É, mas olha só: uma autêntica Thompson. Eu adoraria ter uma!

Para enfeitar, haviam sido colocadas algumas palmeiras de areca. Os paraquedas ofereciam um pouco de sombra. E as flâmulas da FNL davam um toque colorido ao conjunto.

Essa metralhadora é enorme!
É mesmo, é a Duchka*!

* Apelido da metralhadora calibre 12,7 mm soviética, a Degtiarev-Chpaguine (DShK 1938).

Ainda posso ouvir o soldado ao alto-falante. A voz dele irritava como uma matraca.

Essas armas foram apreendidas depois de luta intensa contra os agressores vietcongues sustentados por Hanói!
!!

Esse tipo de demonstração visava arrebatar a população e dar-lhe confiança em seu exército.

Bem, se conseguimos apreender essa quinquilharia, quer dizer que os vietcongues ainda têm dez vezes mais com eles!
Chiến Lợi Phẩm
Chiến Dịch
DÂN TIẾN 27
FM. 24-29

Chien Loi Pham (despojos de guerra); Chien Dich (expedições); Dan Tien 27 (O Povo em Marcha, 27).

A chave de ouro da exposição era um canhão antiaéreo soviético de 37 mm, uma arma legendária da Grande Guerra Patriótica Russa (1941-1945), que seguira seu caminho até o Vietnã do Sul. Naquele momento, o canhão servia de atração aos visitantes. Como as outras crianças, briguei para poder sentar num dos bancos desse carrossel assombroso. Um brinquedo só para mim.
Eu fico no banco do atirador!
Ei, mas eu também quero...
É, só que eu sou o mais velho!
Cái này không đẹp, Chú Ba!*
Đúng, cái này không đẹp.

* Isso não é nada bonito, Chu Ba! Não, não é bonito!

As crianças deviam ficar longe desse tipo de exposição?

No fundo, o regime de Saigon rivalizava nesse ponto com o de Hanói. No Norte, o Estado comunista – forjado pela guerra com a França – havia militarizado amplamente a sociedade e não hesitava em pôr um fuzil (mesmo que fosse uma réplica) nas mãos das crianças.

Os comunistas vietnamitas seguiam estritamente a linha de conduta do pensamento maoísta. A criança devia se preparar para se tornar um soldado do exército do povo. Como nessa imagem de propaganda, que me lembra os barbeiros de Saigon. Eles sopravam na nossa nuca para atenuar o calor da máquina.

Quando lhes convinha, os comunistas se diziam pacifistas. Mas, no fundo, eram ultramilitaristas. Perto deles, nós, os "fantoches de Saigon", éramos uns diletantes, muito menos comprometidos. Infelizmente, como as nossas bombas não faziam distinção entre homens e mulheres, adultos e crianças, civis e militares, fabricávamos em série adversários fanatizados de ambos os sexos, decididos a vingar os seus mortos.

Na FNL, unidades inteiramente constituídas de mulheres tomavam parte nos combates. Existem inúmeros quadros e desenhos de guerra representando essas combatentes da resistência. Elas são muitas vezes associadas ao lótus, cujo pé cria raízes no barro e cuja flor – símbolo de pureza – se eleva no ar. Eu me pergunto que efeito isso fazia quando uma tropa se defrontava com uma formação desse tipo e precisava abrir fogo...

A BATALHA DE AP BAC

Com a aproximação do Natal dos cristãos, nossa avenida se enchia de pinheiros e de presépios.

Pega, Marco, é de plástico!
Você se lembra das árvores de Natal em Washington?
I'm dreamin' of a white Christmas ...

As vitrines se entupiam de brinquedos baratos Made in Hong Kong.

WATER PISTOL
MARINE
Você viu aquele motoqueiro a pilha?

Nada de atentados. Poderíamos pensar que uma trégua tácita era observada e quase sonhar com um Natal feliz.

Espero que Mamãe não tenha uma crise durante as festas.
É, é horrível quando ficamos enfurnados durante as férias. Ela estraga tudo!

A trégua foi breve, e o ano de 1963 começou com uma derrota. Uma operação foi montada pelo nosso exército (ERVN*) a 65 km de Saigon, combinando helicópteros, aviões, blindados, artilharia, paraquedistas e tropas terrestres, a fim de desalojar 300 vietcongues refugiados na aldeia de Ap Bac. Eles haviam sido localizados devido às suas emissões de rádio.

TCHOF
TCHOF
TCHOF
Disparem em direção às árvores! Lá estão os helicópteros!

A brincadeira era entre cinco ERVN para cada VC. Os VC impuseram uma resistência feroz. A determinação deles era inabalável.

Mirem nos pilotos dos helicópteros!
TA TA TA

* ERVN: Exército da República do Vietnã

Vou omitir os detalhes do incidente de Ap Bac. Imagine um combate de um dia inteiro, com balas e estilhaços lacerando a carne dos soldados...

ZAAAP
ZAAAP
SVIIISH

... quebrando seus ossos...

AAAAAH
ZAAP
CREC
ZAAAP

... perfurando seus músculos e arrancando membros.

TCHAAC

Aproveitando a chegada da noite, os vietcongues se desgarraram pelos arrozais inundados, deslizando pelas malhas da rede como uma moreia dentro da água.

Foi um fiasco para as nossas tropas, cujos chefes careciam de energia. 65 soldados do ERVN e 3 conselheiros americanos foram mortos. Contavam-se apenas 20 cadáveres de vietcongues.

Não posso acreditar que eles tenham tido tão poucas baixas!
Os VC nunca deixam seus mortos no campo de batalha se puderem evitar.

Um terço dos helicópteros mobilizados pelos americanos foi repelido do combate. Claramente, os VC haviam encontrado defesas contra essa arma que deveria fazer a balança pender a nosso favor. Essa vitória foi um enorme trunfo para a propaganda VC.

O pior é que os meus soldados vietnamitas do ERVN perderam todo o prestígio, agora que os VC sabem que, bem comandados, podem derrotá-los.
O senhor não é o único a dizer isso.

↗ Conselheiro americano. ↖ Neil Sheehan, da agência UPI.

O presidente Diem escolheu os seus generais pela lealdade deles, mais do que pela combatividade. Ele lhes pede que limitem as perdas. Isso é coisa de frouxos!
E o senhor acha, capitão, que a vitória esteja próxima, como dizem os nossos generais e a embaixada americana em Saigon?
TCHOF
TCHOF
TCHOF
CLIC
Ah, esses caciques? Não os vemos muito no campo de batalha... Não, a guerra não está ganha...
TCHOF
TCHOF
TCHOF
Não há perspectiva de vitória?
CLIC
CLAC
Talvez, mas não com os meios convencionais que empregamos até aqui.

CLIC CLAC
Nós não estamos em Bastogne ou em Guadalcanal. Esse conflito é de um gênero novo. É uma guerra revolucionária, uma guerra subversiva.
Os vietcongues não combatem para ocupar um território. Não por enquanto... No momento, eles querem conquistar o coração e o espírito da população.
Eles estão misturados à população, e os nossos blindados, nossos aviões, nossos canhões não servirão para muita coisa neste contexto. Seria melhor identificar o inimigo em meio à população e eliminá-lo cirurgicamente, com isto!
O KABAR, punhal dos fuzileiros americanos.

Perdemos de lavada, aqui. Nosso belo equipamento não afetou o jogo em nada.
TCHOF
TCHOF
TCHOF
O senhor pode ter certeza de que as autoridades de Saigon vão cantar vitória e se gabar de estar prestes a ganhar esta droga de guerra!
É o tipo de cantilena que Washington quer ouvir. Vocês, jornalistas, poderiam restabelecer um pouco da verdade sobre o que se passa na guerra.

No dia seguinte, no Q.G. do general Paul Harkins, chefe da missão de assistência militar americana no Vietnã.
Senhor Presidente, os vietcongues deram no pé e abandonaram sua posição. É uma grande vitória!

Washington. Salão oval da Casa Branca.
Não foi isso que eu li no *New York Times*, Paul! O *Times* diz que nós perdemos feio! Tem certeza de que estamos falando da mesma guerra?

Durante toda a guerra, haveria um hiato entre o triunfalismo do alto-comando de Saigon e um quadro mais pessimista do conflito, apresentado pela imprensa americana.

CLIC... CLIC... CLIC...
Mas como são chatos! Que tédio!

A vida mundana continuava...

Ao falar de Ap Bac como uma derrota, a imprensa americana nos apunhalou pelas costas!
O presidente Diem está estressadíssimo!
Os jornalistas americanos nos prejudicam, mas a democracia americana se baseia na liberdade de imprensa.

Certo, mas o nosso país está em guerra!
E os nossos adversários comunistas não precisam se preocupar com as críticas de uma imprensa livre!
...

Khanh, podemos voltar? Estou exausta...
Tudo bem, Yvette, vamos!
Que história era aquela de derrota do ERVN no sul de Saigon?
Hein? Hum. Nada, nada. Foi só uma pequena discussão.

Ah, com você é sempre "Está tudo muito bem, senhora marquesa!"
Você se preocupa por nada, Yvette.

O quê?!! Você acha que eu sou idiota?! Vamos ser massacrados pelos chineses!
Vamos, você só está cansada...
Khanh, não consigo mais! (choro)

Será que foi nessa época que Mamãe trouxe do mercado uma criatura estranha?

Eca, parece uma fera pré-histórica!
É um caranguejo-ferradura! As pessoas daqui comem isso assado. Bom, eles comem qualquer coisa!
Trời đất ơi! *
A gente vai comer esse monstro??
Não, é só para vocês verem o bicho...
SUIIISH
CLEC

* Meu Deus!

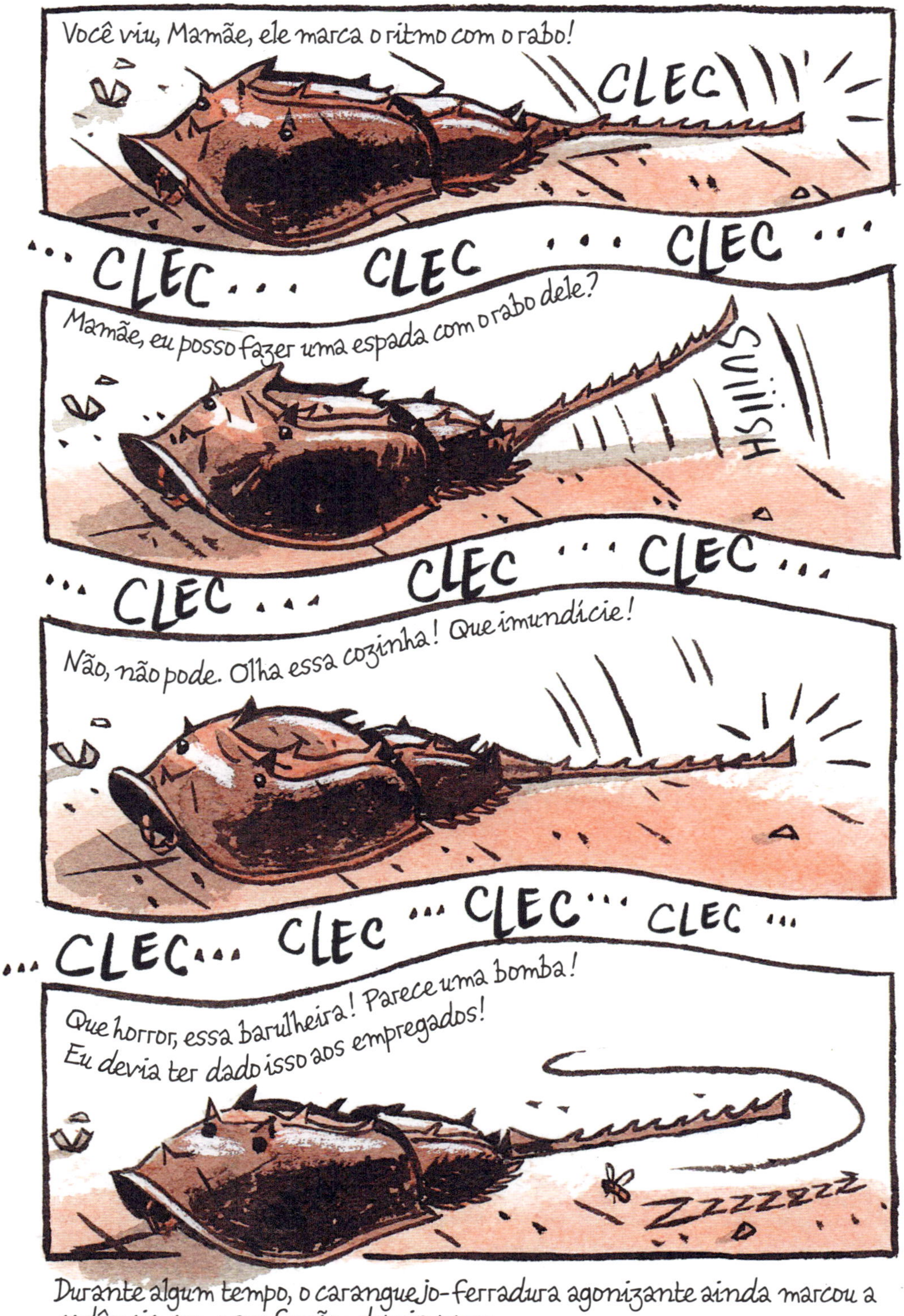
Você viu, Mamãe, ele marca o ritmo com o rabo!
CLEC
... CLEC ... CLEC ... CLEC ...
Mamãe, eu posso fazer uma espada com o rabo dele?
SUIIISH
... CLEC ... CLEC ... CLEC ...
Não, não pode. Olha essa cozinha! Que imundície!
... CLEC ... CLEC ... CLEC ... CLEC ...
Que horror, essa barulheira! Parece uma bomba!
Eu devia ter dado isso aos empregados!
ZZZZZZZ

Durante algum tempo, o caranguejo-ferradura agonizante ainda marcou a cadência com o seu ferrão; depois, parou...

Em Saigon, estávamos protegidos do pior, mas o país se afundava na guerra. Eu me lembro que, na hora de dormir, sentia uma angústia que não sabia classificar.

Ah, que irritante! O meu coração está batendo que nem um tambor!
POM
PAM
POM
PAM

Desajeitadamente, eu tentava falar disso. Em vão.

Mireille, o coração da gente continua a bater à noite?
Ah, claro que sim, seu bobinho! Se não batesse, você morreria!
Hi hi!

Eu tinha muito medo, principalmente à noite. É importante dizer que os rumores prometiam um banho de sangue se os comunistas ganhassem.

Nossos primos Buu Dien e Buu Dai vinham brincar em casa às vezes. Uma brincadeira de Buu Dien dá uma ideia do clima reinante.

Ele tá dormindo ou o quê?
E aí, você vem?
PLOP PLOP PLOP
Vai, a gente tá esperando!
PLOP PLOP
HI HI!
O que você tá fazendo?
Você tá pondo um ovo, ou o quê?
Não, estou bombardeando os vietcongues!!! HA HA HA!
PLOP PLOP

Nossas reuniões do Clube dos Três aconteciam perto do chuveiro (para o caso de incêndio!).

Ô Pater auster, Mater dolorosa et spiritu sanctu!
E como espirra o tatu!
Shh, Marco! Esta é uma reunião do Caulacbô*.

*Caulacbô: corruptela vietnamita da palavra "clube".

??!
ECA! Uma barata!!! Ali!
!?

ferrão de caranguejo-ferradura
+
metade de um coco
=
espada do Marco

Está aqui a raquete!
Estou com a agulha de tricô!
Prende a barata em baixo!
SCRRIIIIISCH
Peguei!
!?
Ufa! Bom, que tal a gente fazer um sneak? Acho que Papai e Mamãe estão dormindo.
Boa!

Uma de nossas brincadeiras consistia em rastejar em silêncio no apartamento quando nossos pais achavam que estávamos na cama. A isso se chamava *sneak**, palavra que tínhamos trazido dos Estados Unidos.

Ponham os travesseiros debaixo dos lençóis para parecer que vocês estão na cama!
Isso!
Shhh!
Bem, eu fiz uma planta do apartamento para a gente estudar com cuidado!
Que saco!
cozinha
sala
Varanda
M
D
M
chuveiro
banheira
quarto de Papai e Mamãe
Não parece que a gente é uma tropa especial?
Shhh!
Shhh!

* *To sneak*: deslocar-se em silêncio, secretamente.

Naquela noite, fomos testemunhas clandestinas de uma crise de Mamãe...

Estou cansada, cansada, cansada do Vietnã!!!
Shhh!
Yvette, eu já pedi transferência para Londres, mas ainda não consegui. Você acha que o presidente paga salários à toa?

O QUÊ?! Mais uma MUDANÇA?! É da nossa vida que você está falando!
ESTOU CHEIA do seu presidente carola, dos vietnamitas – todos uns idiotas –, dos coquetéis, das empregadas retardadas e ladras, da sua família intrometida!!! E dos vietcongues que lhes deram uma surra, apesar de toda a ajuda americana!
!
Será que ela está prestes a perder as estribeiras??!
Você está esgotada, Yvette. Não tem férias há um ano e meio. Vou pedir ao presidente que me conceda uma licença.
Ah, seja como for, eu só tenho uma vontade, que é voltar para a França! (Choro).

MUITOS BEIJOS DE NHA TRANG

No fim de março de 1963, tomamos o avião para as férias em Nha Trang. Pegamos emprestada uma casa no fim da baía. Um lugar suntuoso. O imperador Bao Dai* fundou nele uma cidadezinha.

Uau! O mar é tão azul!
A nossa casa é aquela?
Não, aquela é a cidade de Bao Dai. A nossa casa fica mais abaixo.

Ao norte, a baía de Nha Trang: 10 km de areia fina. Ao sul, uma linda enseada acessível por uma escadaria de altos degraus de pedra.

Mireille, Domi, vocês acham que tem algum VC atrás dos arbustos?

O quê? W.C. ou V.C.?

* Último imperador de Annam, Bao Dai reinou de 1933 a 1945.

Um vietcongue!
Ah, não!
?
Do que vocês estão falando, meninos?!!
De nada, Mamãe!!!
Parem de brigar! Olhem só esse esplendor. Isto é paradisíaco!

Um cenário idílico, mas, depois de uma curta euforia, o humor de Mamãe mudou.

Esta casa está uma sujeira es-pan-to-sa. Isto cheira a mofo! Ninguém limpa isto aqui desde 1954*, tenho certeza!
É NO-JEN-TO! NO-JEN-TO!
Está bem, Chu Ba limpará amanhã...

Sim, para ajudar Mamãe, Chu Ba e Chi Hai tinham ido de ônibus! Papai queria evitar o excesso de trabalho.

Eu nunca vi o mar na minha vida!
E nem eu!
Tomara que a senhora esteja bem-humorada!

Não, a senhora não estava bem. E Papai precisou voltar ao trabalho.

Como vou fazer, sozinha aqui com as 4 crianças?
O presidente está me chamando. Preciso ir.
Chu Ba e Chi Hai vão lhe ajudar!

* 1954: fim da guerra da Indochina. Partida dos franceses.

Ainda bem que Chu Ba e Chi Hai estavam conosco durante os meses que passamos em Nha Trang.

Chu Ba, você vai à praia com os grandes, tudo bem?
Sim, senhora. Sem problemas!
Você viu? O Chu Ba nos arrumou pás. Não são como aquelas de Saint-Malo.
Ah, não, por aqui não tem pás de praia. São pás dobráveis, do exército americano!
SCRIIIK

Eu me lembro bem de uma espécie de dança indígena que inventamos. Ainda tenho na cabeça aquela musiquinha 'chinesa'.

Ting Ting Ting Ting Ti-ing Ti-ing Ting Ting
Ting Ting Ting Ting Ti-ing Ti-ing Ting
Como será que estão a minha mulher e os meus filhos?

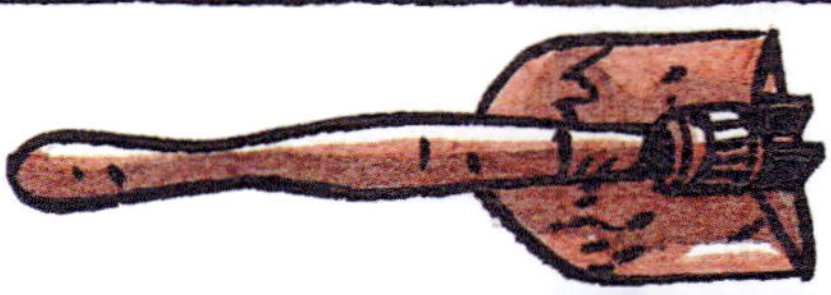

Pá do exército americano

Certo dia, fizemos um passeio de barco. Uma revoada de barcos a vela com asas de morcego partia rumo ao mar aberto.
Uau, que lindo!
Những chiếc ghe này là gì vậy, chú Ba?*

* Que barcos são esses, Chu Ba?

Đó là Lực Lượng Hải Thuyền ra chận không cho Bắc Việt đưa súng ống vô đây. *

* Essa é a "Junk Force", que vai impedir a entrada de armas vindas do Norte.

Hành dinh của họ ở Nha Trang. Cháu biết khẩu hiệu của họ không? Là "Sát Cộng"!*

?!
Sát Cộng! Sát Cộng!
Sát Cộng! Sát Cộng!
Ah, se a gente pudesse evitar de ensinar a eles esses horrores! Cale-se, Marco!

* O Q.G. dessa unidade é em Nha Trang. Sabe qual é o lema deles? "Morte aos comunas!"

ÀS ALMAS ERRANTES

Querida, eu te amo, querida eu te adoro! ♫
Chờ một chút! Chú đã bỏ quên gói thuốc lá ở nhà. *
Đừng lo, cháu sẽ bảo vệ chú! *

* Só um minuto, esqueci os meus cigarros em casa.
* Ok, eu te dou cobertura!

Chu Ba, a mulher dele e os seis filhos se espremiam num quarto de serviço, nos fundos do nosso apartamento.
Aaaa ?! Cháu Ma'co đi đâu? *

* Oi, Marco, o que você vai fazer?

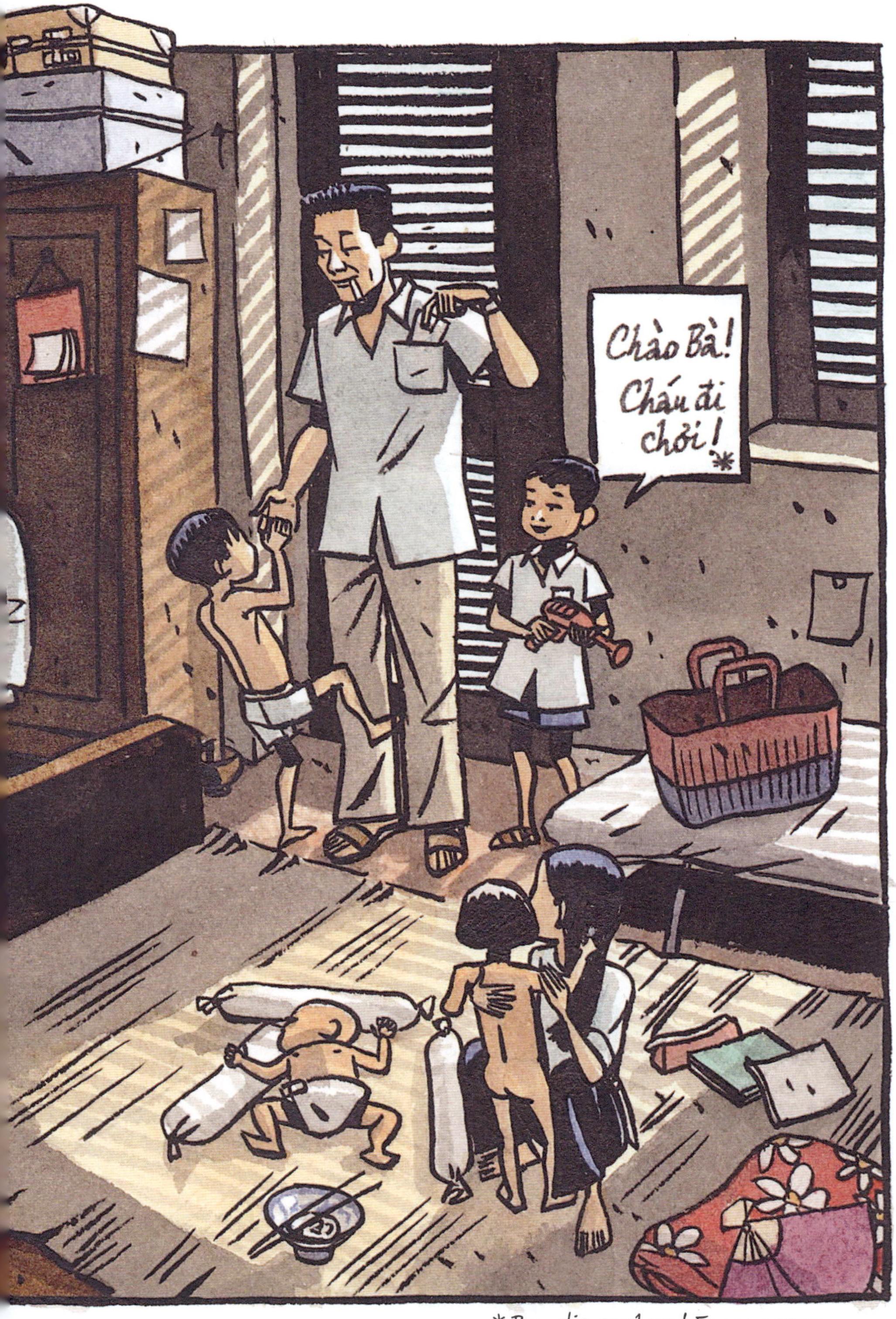
Chào Bà!
Cháu đi chởi!*

* Bom dia, senhora! Eu vou passear.

O salário de Chu Ba mal bastava para ele alimentar a sua família.
Para reforçar o orçamento, ele fazia algo perigoso.

Mamãe!!! Vem, rápido! O Chu Ba caiu no chuveiro!
Quê?! Meu Deus, o que aconteceu?!!!
Pchiiiiit
Chu Ba doente? DOENTE?
Não doente, senhora!
Tôi, thường cho máu, tôi lấy một ít tiền, lần này tôi cho nhiều quá!
Você entendeu, Marco?
Mas por que ele está nesses trajes?
É para lavar o boxe do chuveiro! Ele põe um calção, igual ao Tarzan!
Sim, Mamãe, ele disse que vendeu o sangue dele! Mas, desta vez, tirou sangue demais!
Ah, puxa! Isso foi um azar!

Mais tarde...
Eu às vezes pago um extra ao Chu Ba para que ele não tenha mais que vender o seu sangue, mas ele faz o que dá na telha!
Eu quero vender o meu sangue para comprar um tanque de guerra a pilha!

Quanto valia o litro de sangue? Os grupos sanguíneos raros custavam mais? Que quantidade de sangue se tirava a cada vez? Não sei de nada disso.

Ah, Chu Ba! Ele sempre foi legal conosco... depois da nossa partida, ele acabou sendo convocado pelo exército.

Eu tenho seis filhos para criar!
Você acha que é o único?

Ele foi posicionado à frente de um trem blindado.

Droga! Se a estrada estiver minada, estamos perdidos!
CHOF CHOF

Não sei se Chu Ba sobreviveu à guerra. Gostaria de pesquisar sobre ele, mas ignoro o seu nome verdadeiro.

Será que Chu Ba descansa neste cemitério entregue às ervas daninhas?
Pham văn Lực

Em 1991, eu visitei o grande cemitério do ERVN, em Bien Hoa, perto de Saigon, completamente abandonado pelos comunistas. Dezesseis mil "fantoches" jazem lá. No alto de uma colina invadida pelo mato, um dossel de estilo chinês abriga o Túmulo do Soldado Desconhecido.

ĐÊN TỬ SỸ
Ai dos derrotados!

O mausoléu do Soldado Desconhecido estava escancarado e vazio...

Profanaram a tumba. Que será que fizeram com o corpo?
Mỹ Ngụy
Việt gian

Depois de contornar o túmulo vandalizado, senti um baque no coração!

Aaah! O que é isso?

Era como se o Soldado Desconhecido, arrancado de sua tumba, continuasse ali no seu sono de fantasma...

Caramba, ele está respirando!
Ah, sem dúvida, é um vagabundo. Mas ele usa o cabelo à escovinha, como o Chu Ba!
Sem acordá-lo, deixei algumas notas debaixo de uma pedra, perto das suas mãos castigadas.

A noite vai cair. Vou dar o fora daqui! Deixemos o lugar às almas errantes.

A CRISE BUDISTA

Nam Mô A Di Đà Phật
Nam Mô A Di Đà Phật
... *

* Homenagem a Buda Amitaba...

No começo de maio de 1963, uma grave crise política explodiu em Hué, na região central do Vietnã. No Vietnã, o budismo era a religião majoritária, um rito praticado sem fanatismo. Considerando-se perseguidos pelo presidente Diem – suspeito de favorecer a minoria católica –, os monges de Hué iniciaram algumas manifestações. Seguiu-se uma repressão ultraviolenta: tiros com munição normal, granadas...

Em junho, a agitação chegou a Saigon. Os monges tornaram-se de fato os porta-vozes de todos os adversários de um regime de Diem, daí em diante muito impopular e contestado.

Đả đảo Mỹ-Diệm! *
ĐẢ ĐẢO MỸ-DIỆM

* Abaixo os americano-diemistas!!!

Diante da contestação, o clã Ngo cerrou fileiras.

Ngo Dinh Diem
Esse tipo de oposição jamais seria tolerado no Norte, sr. Nolting. Quanto a mim, tenho a imprensa internacional nas costas.
O embaixador dos Estados Unidos, F. Nolting.
555
Os monges são manipulados pelos comunistas. Não sejamos ingênuos!
Esses distúrbios fazem o jogo dos vietcongues. Tudo isso lhes serve para desestabilizar o Sul!
Ngo Dinh Nhu
Madame Nhu

Hoje, sabe-se que o movimento budista estava bastante infiltrado pelos comunistas, que então atiçaram a chama do descontentamento.

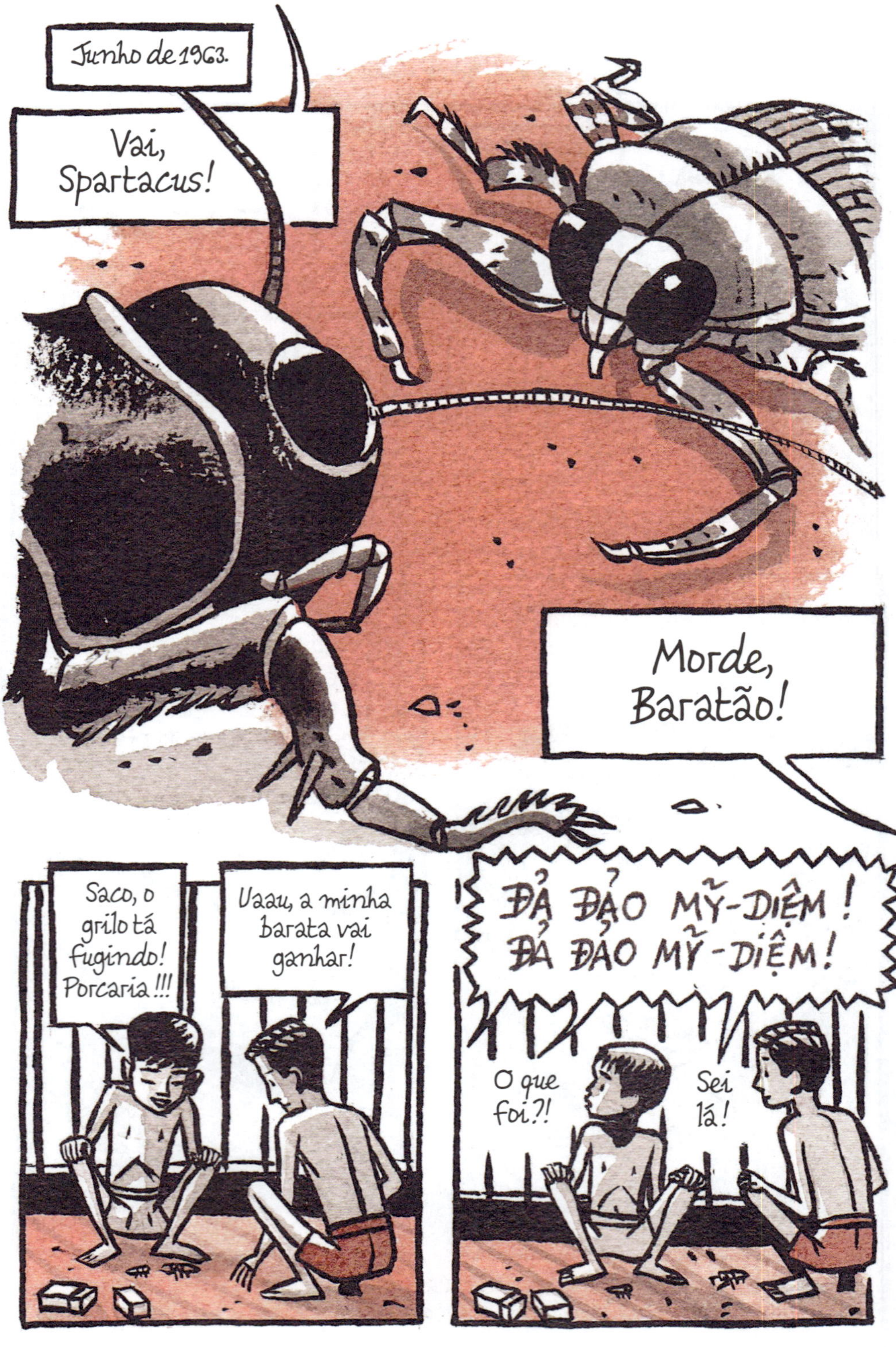
Junho de 1963.
Vai, Spartacus!
Morde, Baratão!
Saco, o grilo tá fugindo! Porcaria!!!
Uaau, a minha barata vai ganhar!
ĐẢ ĐẢO MỸ-DIỆM! ĐẢ ĐẢO MỸ-DIỆM!
O que foi?!
Sei lá!

MIREILLE!
O quê?!
MỸ-DIỄM!
Vem ver! RÁPIDO!
ĐÃ ĐÁO?!
Tá, mas guarda a tua barata nojenta!
Eca! É asquerosa mesmo!
É uma procissão de BONGES!
Argh, só de pensar que fazem sopa com essas baratas--d'água*!

* O esperma da barata-d'água é usado para aromatizar alguns pratos vietnamitas.

Os empregados moravam aqui, atrás do apartamento.

De MONGES, não de bonges! Ha ha ha! Como você é buuurro!
Hi hi, bonges!
Aonde é que eles vão desse jeito?
Eu sei, Mireille, era só uma brincadeira!
Com certeza, ao palácio presidencial.
ĐAO MỸ-NGUY
Đả đảo MỸ-

Alguns dias depois, uma febre forte me derrubou. Mamãe temia pelo pior. Casos de peste haviam sido identificados.

Ele está fervendo! Temos de levá-lo ao hospital, Chu Ba!
Nhà thương Grall, phải không? Thưa Bà, được!*

* Hospital Grall? Sim, senhora, vamos!

Mais rápido, Chu Ba!
!
BRRRRRRRR

* O Hospital Grall era um estabelecimento francês renomado.

Que confusão! Está tudo parado!
Biii Biii
Biii Biii

Um cheiro de queimado invadia o cruzamento paralisado por um engarrafamento gigantesco.

Sinto cheiro de queimado!!! É do carro, Chu Ba?!

Meu Deus, a gente não sai do lugar! BUZINE!
Tôi không hiểu! Không hiểu! *

* Eu não entendo!

A algumas centenas de metros do cruzamento em que estávamos presos, o monge Thich Quang Duc se sacrificava ao fogo. Correspondentes estrangeiros haviam sido avisados. Um deles, Malcolm Browne*, tirou as fotos que rodaram o mundo e anunciaram o fim do regime Diem.

JUNTOS
BUDISTAS E CATÓLICOS
UNINDO FORÇAS

* Malcolm Browne dirigia o escritório da Associated Press (AP) em Saigon.

Na carta que enviou aos pais logo após esse auto de fé espetacular, Mamãe, que certamente estava chocada, foi evasiva.

18 de junho de 1963

Meus queridos,

Escrevo para que vocês não se preocupem, pois sem dúvida ouviram falar da manifestação budista que aconteceu em Saigon na semana passada.

Estamos nos restabelecendo de nossas emoções e de uma gripe, mas, enfim, agora está tudo bem com todo mundo de novo.

A minha febre alta não tinha sido causada pela peste, e eu me recuperei rapidamente para brincar... com fogo.

Você viu? Ele queima!
Ééé!
SCRECHH
BRINQUEDOS TONKA
Como fede! Temos que ventilar a sala, ou vamos levar uma bronca!

Julho de 1963.
Então, Mamãe, vamos à casa de Ong Noi e Ba Noi* hoje à tarde?
Não, o seu avô me disse que Ba Noi foi ao templo de Xa-Loi.
Ah, é? Por quê? Ela não é budista.
?!
Bem, não. Ba Noi é católica fervorosa...
Eu sei por quê! Ba Noi foi ver o coração do monge Thich Quang Duc!
O quê?!

* Nossos avós paternos.

Chu Ba me disse que, quando o monge Thich Quang Duc se queimou, o coração dele se manteve intacto. E o coração pode ser visto no templo de Xa-Loi!
Aaai, meu Deus!
Ma'co!
Aaah... Mas que país de loucos!
É como os milagres de Jesus! Eu queria ver isso!
Ecaaa!!!
Isso-so!
E os rins, não se queimaram?

Deve ter sido perto dessa época que o presidente Diem teve um encontro particular com Papai. No fim do dia, Diem frequentemente trabalhava no seu quarto monástico do palácio Gia Long.

Como está a sua esposa, sr. Khanh?
Hum... Ela está muito... abalada pelos últimos acontecimentos, senhor Presidente.
...
Ela não aguenta mais, certo?
Não foi o que eu quis dizer, senhor Presidente!
Ah, eu compreendo. Uma mulher ocidental não é feita para esta vida.
...

Algum tempo depois, Papai recebeu a proposta de um posto de conselheiro na embaixada do Vietnã em Londres.

O irmão mais novo do presidente é embaixador na Inglaterra.
Isso é um favor do presidente, não é?
De jeito nenhum! Eu não pedi nada a ele!
Tá, não precisa subir no salto! Foi uma sorte, não? Mas você acha que vão lhe acusar de abandonar o navio, é isso?!
Khanh, eu não posso mais! Estou ficando louca aqui!

Nossa partida teve de ser bastante precipitada. Eu não tenho lembrança alguma da mudança, da despedida da família no Vietnã, de Chi Hai, de Chu Ba…

Olha que avião grande, Noëlle!
Na-na!
Tomara que eu não vomite!
Eca!
Não se preocupe, tem sacos de papel para isso no avião!
AIR VIETNAM

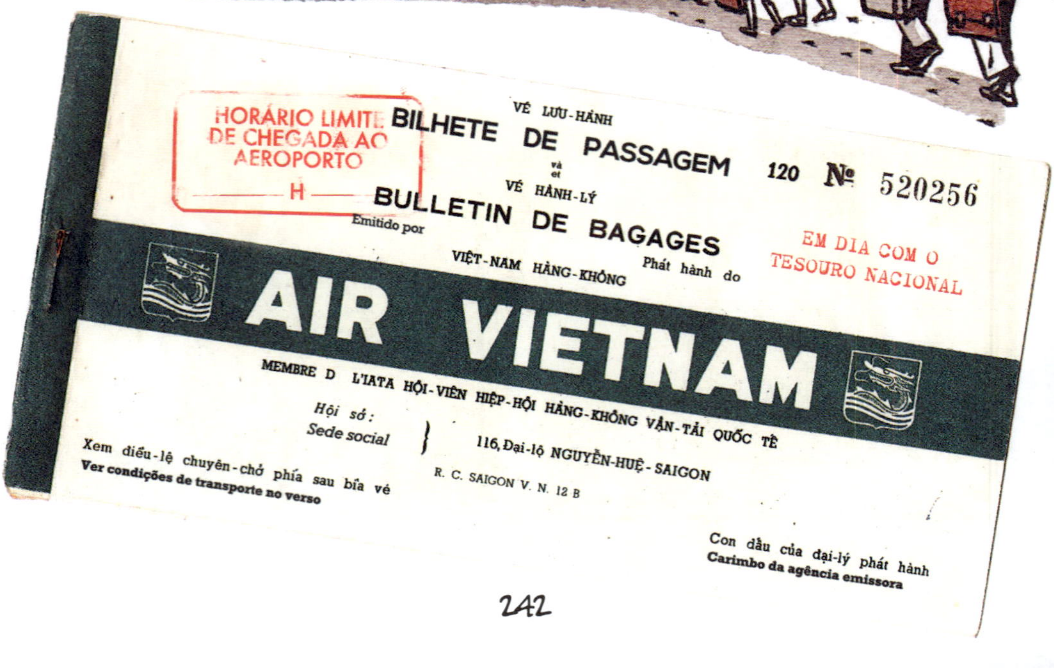
HORÁRIO LIMITE DE CHEGADA AO AEROPORTO
H

VÉ LƯU-HÀNH
BILHETE DE PASSAGEM 120 № 520256
và
et
VÉ HÀNH-LÝ
BULLETIN DE BAGAGES
Emitido por
VIỆT-NAM HÀNG-KHÔNG Phát hành do

EM DIA COM O TESOURO NACIONAL

AIR VIETNAM

MEMBRE D L'IATA HỘI-VIÊN HIỆP-HỘI HÀNG-KHÔNG VẬN-TẢI QUỐC TẾ

Hội sở: Sede social 116, Đại-lộ NGUYỄN-HUỆ - SAIGON

R. C. SAIGON V. N. 12 B

Xem điều-lệ chuyên-chở phía sau bìa vé
Ver condições de transporte no verso

Con dấu của đại-lý phát hành
Carimbo da agência emissora

LONDRES, OUTONO DE 1963

As minhas primeiras lembranças de Londres começam no recreio do Liceu francês da cidade, em outubro.

Como você se chama?
Marco. E você?
Manuel!
Você é novo aqui? É de onde?
De Saigon, no Vietnã. E você?
Do Rio de Janeiro, no Brasil!
Houve um golpe de Estado militar, e tivemos que partir*.
É? No Vietnã, tem golpes de Estado o tempo todo! Ha ha ha!
Ei, você é chinês?
Não!
Você é japonês?
NÃO!

* A ditadura militar instaurada no Brasil ocorreu em abril de 1964. O autor, ao narrar suas memórias, provavelmente se enganou ao relacionar o episódio do garoto com a data em que chegou à Inglaterra.

CHI-NÊS!
SI-A-MÊS!
PE-QUI-NÊS!
FEDORENTO!!!
?
NÃO! VI-ET-NA-MI-TA!!!
AAAii
SPLAF

Nosso apartamento, cedido pela embaixada do Vietnã, dava para uma pracinha com jardim privativo, reservado aos moradores locais.

UHUU! Eu TARZAN!
CREC
Seus pestinhas! Essas coisas não ficam por isso mesmo na Inglaterra, ouviram?!
Catalpa
Velha bruxa

Mesmo Papai, normalmente tão legalista, irritou-se com o tom da carta de reprimenda que recebeu pouco tempo depois.

"O senhor pagará a soma de £15* pelos prejuízos..."
Como são panacas esses ingleses!
Pff!
Hi hi hi! São PANACAS esses ingleses!

* O equivalente ao salário semanal de um motorista de ônibus em Londres.

Nós seguíamos com atenção as notícias do Vietnã.
No Vietnã do Sul, a crise budista está entrando numa nova fase...
Papai! Notícias do Vietnã!
Chame o Papai, Domi!
Madame N'hu, a primeira-dama do Vietnã, comentou as recentes autoimolações dizendo que isso – abre aspas – "foi um churrasco feito com combustível importado dos Estados Unidos...".
Aaah! De novo o Vietnã! Vocês não se cansam dessas histórias de guerra? Vamos! Venham, meninos, vamos arejar a cabeça!
Papai! Papai!
Que exagero! Isso é jogar lenha na fogueira!

Mamãe, quando eu crescer, quero ser um cavaleiro!

A VOZ DAS ARMAS

A expressão de madame Nhu (o "churrasco"), bem como a violência da repressão comandada pelo seu marido contra os budistas, irritou Kennedy, que nomeou um novo embaixador em Saigon.

Seria sensato você afastar o seu irmão Nhu e a esposa intempestiva dele, além de se tornar mais amigável!
Nosso presidente renova o apoio dos Estados Unidos.
Henry Cabot-Lodge
Agradeça a ele em nome do povo vietnamita, em luta pela liberdade!
Washington não vai ditar a minha conduta!
Ngo Dinh Diem

Os americanos já consideravam a possibilidade de um golpe de Estado.

Eu não sou favorável a um golpe, mas é preciso fazer com que Diem se mostre mais cooperativo!
John F. Kennedy

Estamos em contato com oficiais militares vietnamitas desejosos de uma alternância no poder, senhor Presidente!
Henry Cabot-Lodge

Depois de muitos alarmes falsos, oficiais sul-vietnamitas deram início ao golpe de Estado, no dia 1º de novembro de 1963.

Temos o sinal verde dos americanos!
Que preferem ficar na sombra... Isso é muito conveniente!
MELHOR ASSIM! Este é um problema dos vietnamitas.

O palácio foi cercado e, depois de um breve combate com a Guarda, foi tomado de assalto e pilhado.

Olha só pra isso! A roupa de noite da madame Nhu!
Diem e Nhu deram o fora!

O presidente e seu irmão haviam fugido por uma passagem subterrânea para uma casa próxima ao palácio. Um carro os levou a Cho Lon, o bairro chinês de Saigon, onde eles se esconderam na igreja São Francisco Xavier.

Entreguemo-
-nos à
proteção
da
Providência.

De manhãzinha, um destacamento foi prendê-los.

AMARREM-
-NOS!
Traidor! É ao presidente que você deve os seus distintivos!

No trajeto rumo ao QG dos conspiradores, Diem e seu irmão Nhu foram apunhalados e executados a pistola. Foi uma ordem deliberada ou um erro desastroso? Nunca se soube ao certo.

BLAM BLAM
?
?!!
VRRRRR

Uma multidão eufórica decapitou as estátuas das irmãs Trung, e as cabeças delas foram exibidas pelas ruas de Saigon.

Đả đảo con mẹ Nhu!*
FFA 1738

Quando a notícia do golpe de Estado chegou a madame Nhu, ela estava em viagem oficial aos Estados Unidos.

Isso é uma maquinação dos americanos! Eles vão se arrepender!

* Abaixo a mamãe Nhu!

No ano seguinte, dois selos comemorativos do golpe de 1º/11/1963 foram impressos. A exemplo dos comunistas, os golpistas apresentaram a sua tomada do poder como uma "revolução"*. Esse é o selo que mostra o exército rompendo as correntes da opressão.

A "Diemocracia" era certamente um regime muito impopular e, às vezes, até odiado. Mas daí a descrever o golpe de Estado como uma revolução?! Definitivamente, no Vietnã, todos os nossos "libertadores" – fossem eles de esquerda ou de direita – preferiam a voz das armas à das urnas.

* Cach-mang: revolução.

Três semanas depois, em 20 de novembro de 1963, o presidente Kennedy foi assassinado em sua passagem por Dallas, em circunstâncias ainda obscuras.

Aaah!
ZAAAAAP

Entre as inúmeras hipóteses de motivação do assassinato, a que diz respeito ao seu envolvimento no Vietnã parece convincente. Antes de seu assassinato, Kennedy teria cogitado uma retirada progressiva dos conselheiros americanos postados no Vietnã.

É preciso sair daquele lamaçal. Vamos nos machucar.
Mas o Vietnã do Sul conseguirá se virar sozinho?
Nós os apoiaremos, mas vamos trazer de volta os nossos garotos!

O complexo militar-industrial americano, informado do projeto de retirada, teria desejado a eliminação de JFK, o desmancha-prazeres. Enormes lucros estavam em jogo.

Vamos matar esse irlandês remelento, democrata de uma figa!
O senhor pretende assassinar o presidente dos Estados Unidos?

Uma tese plausível, entre outras. O certo é que o sucessor de JFK, o texano Lyndon B. Johnson, sem dúvida temendo ser tachado de frouxo contra o comunismo, afundou-se ainda mais no buraco do Vietnã.

É como a expedição do Álamo: era necessário que alguém fosse ajudar. Pois bem, vamos ajudar o Vietnã, meu Deus!

No Vietnã do Sul, o ano seguinte à queda de Diem foi um período de grande instabilidade, marcado por tumultos e por golpes de Estado sucessivos.

BLAM

Aproveitando-se dessas desordens, as milícias da FNL se reforçaram.

CLIC
CLAC

No fim de 1964, um jovem general, Nguyen Van Thieu, conseguiu se impor com o apoio dos Estados Unidos. A partir de então, no Sul como no Norte, o poder estava com os militares.

Tenho nas mãos os destinos de nossa pátria.

Pelo senso do dever, Papai teria continuado a servir a seu país, mas o futuro era incerto, e a saúde de Mamãe, frágil.

Essa valsa de generais é grotesca! Que legitimidade eles têm?
Tomara que você não seja chamado ao Vietnã. Eu ficaria LOUCA!
THE SUN
ASSALTO AO TREM
NOTÍCIAS DO MUNDO
TARADO À SOLTA
WALL'S
SORVETES

Em outubro de 1964, ele pediu demissão ao embaixador do Vietnã em Londres.

Sentiremos a sua falta!

E, graças a jornalistas ingleses que conheceu no Vietnã, Papai foi contratado como tradutor pela agência Reuters, na Fleet Street.

Os bombardeios no Vietnã do Norte se intensificam.
CLIC CLIC
CLIC CLIC

EPÍLOGO

A guerra ainda prosseguiu por mais dez anos. Campos minados, agente laranja, milhões de mortos civis e militares, dos quais mais de 50 mil soldados americanos... Apesar de todo o poderio americano, o lado comunista não se dobrou.
LZ

A guerra do Vietnã marcou toda uma geração. Ou você era falcão... ou era pomba.

Paz!
Paz!
WOODSTOCK OU RUÍNA

US AIR FORCE

Muitas críticas – frequentemente com razão – ao engajamento americano, as esquerdas ocidentais foram totalmente cegas à natureza estalinista ou maoísta do regime de Hanói, poderosamente apoiado pelo bloco comunista...

HO! HO! HO CHI MINH!
HO! HO! HO CHI MINH!

Em 1972, o presidente Nixon – um bom exemplo de falcão – normalizou as relações americanas com a China de Mao. Esse jogo de cena diplomático permitiu-lhe realizar a retirada dos seus soldados. Passava-se a bola aos sul-vietnamitas. A isto se chamava "vietnamização": podiam continuar se matando, mas entre asiáticos.

A guerra ainda se manteve nas manchetes durante três anos, com fotos como essa, da garotinha Phan Thi Kim Phuc queimada pelo napalm, pela qual o fotógrafo sul-vietnamita Nick Ut (codinome de Hyung Cong Ut) recebeu o Pulitzer em 1972.

Essa foto tornou a guerra americana odiosa para a opinião pública internacional.

A ironia da história é que o napalm havia sido lançado por um Skyraider de uma esquadrilha sul-vietnamita, e não americana. Ut vive atualmente na Califórnia.

A garotinha da foto sobreviveu, cresceu no Vietnã socialista e se casou com um vietnamita em Cuba, em 1992. Aproveitando-se de sua viagem de núpcias, o jovem casal "furou a cortina de ferro" durante uma escala no Canadá. Kim Phuc mora em Ontário e tem dois filhos.

Em 1975, houve o colapso repentino do Sul, devastado por uma ofensiva comunista. Saigon caiu – ou foi libertada, como queiram – em 30 de abril.

Nossos libertadores não eram democratas no sentido que conhecemos no Ocidente. Partido único e todo-poderoso... Ideologia monolítica... Exército santificado... Oposição amordaçada...

Trien lam: exposição

Campos de reeducação para os antigos fantoches... Fronteiras fechadas... Barcos de refugiados... Vigilância policial... Privilégios para um pequeno número de altos funcionários e pobreza para as massas.

QUYẾT BẢO VỆ ĐẤT NƯỚC

Quyet bao ve dat nuoc: Determinados a defender a pátria!

Quarenta anos depois, o país se abriu e a vida é menos dura, mas os heróis austeros do passado – ou os seus herdeiros – tornaram-se capitalistas vermelhos, cuja palavra de ordem tácita é: "Enriqueçam, mas não façam política!"

Com certeza esse aí é um camarada do Partido!
VRRRR
!
VRRRR
BIII
!
BIII
BIII
VRRRR

A política é monopólio do Partido, e o Partido é corrompido até as entranhas. Ao diabo a justiça social. Cada um por si! Foram necessárias tantas mortes para se chegar a isso?

Saint-Malo, outubro de 2011.
O nosso desejo de viver num país não comunista era legítimo!
Sim, mas é preciso reconhecer que praticamos um abuso obsceno da violência.
Os americanos quiseram tomar a frente das coisas, achando que fariam melhor do que nós. E com o poderio deles...
Eles implantaram uma guerra de ricos. É a tentação de todo país desenvolvido: empregar a tecnologia para poupar seus homens.

Nós devíamos ter nos virado sozinhos, com as armas americanas, mas sem os soldados deles, como faziam os comunistas. A União Soviética e a China lhes forneciam o material, com o PCVN* garantindo a mão de obra. Só a presença dos soldados americanos já nos desmoralizava.
Não teríamos resistido por muito tempo, porque éramos bem menos durões e disciplinados que os comunistas. Mas teria havido menos mortes.

* Partido Comunista do Vietnã.

Não se esqueça de que a Revolução comunista prometia a independência, a justiça, a divisão de terras. Um credo irresistível, que os sofrimentos suportados – numa palavra, o martírio – santificavam. Nós não tínhamos nada de tão romântico a propor...
Olha! A Mamãe chegou!
Ah, sim!

E então?! Tudo bem, Khanh? Tudo bem, Marco?
Sim, Mamãe!
Sim, Yvette!
Khanh, você quer caminhar um pouco?

Isto aqui não está ótimo?
Sim! O mar está esplêndido!
FIM

Meu pai, Truong Buu Khanh, morreu em Saint-Malo
no dia 2 de junho de 2012, quando eu acabava de concluir
os esboços deste livro.

Para o meu pai, Truong Buu Khanh, e minha mãe, Yvette Horel (nome de batismo).
Para meu irmão, Dominique-Ai My, e minhas irmãs, Mireille Mai e Anh-Noëlle.
Para toda a minha família vietnamita e francesa.

Agradecimentos a Jean-Luc Fromental, Marie-Christine Courtès, Truong Buu Dien, Truong Buu Lam, Truong Dieu-Lan, Mireille-Mai Truong, Anh-Noëlle Truong, Palome, Capucine et Prune Truong, Vincent Ton Van, Ly Chanh Trung, Vo Trung-Dung, Pierre Brocheux, Philippe Dumont, Sophie Dutertre, Jean-Yves Pham Ngoc Thuan, Paul et Jacqueline Bang-Rouhet, Pierre et Madeleine Ta-Trung, Françoise Hessel, Gérard Boivineau, Alphonse Lê-Ba Muu, Dao Thanh Huyen, Ta Thi Thu-Cuc, Anne-Sophie Vo-Paillaud, Philippe et Huong Papin, Olivier et Huong Page, Marion Tigréat, Alain Blaise.